教育相談コーディネーター

これからの教育を創造するキーパーソン

栗原慎二

ほんの森出版

教育相談コーディネーター

これからの教育を創造するキーパーソン

contents

教育相談 コーディネーター

これからの教育を創造するキーパーソン
contents

教育相談コーディネーターの現在とこれから

　2017年1月に「児童生徒の教育相談の充実について（報告）」（教育相談等に関する調査研究協力者会議、2017）が出され、それを踏まえて文部科学省は、同年2月の「児童生徒の教育相談の充実について（通知）」のなかで、教育相談コーディネーターを配置・指名すること、さらには「教育相談コーディネーターを中心とした教育相談体制を構築する必要がある」（文部科学省、2017a）としました。これを受けて、名称こそさまざまですが、実際に教育相談コーディネーター（School Counseling Coordinator：ＳＣＣ）を置く自治体も出てきています。

　私は、この教育相談コーディネーターの設置を喜んでいます。というのも、私が会長を務める日本学校教育相談学会は、1990年の設立当初から「教育相談教諭」の設置を提唱し続けてきました。教育相談・進路指導・生徒指導等に関連する7団体で構成されている日本スクールカウンセリング推進協議会も、「相談指導教諭制度」の創設を目指して活動してきています。

　この「教育相談教諭」や「相談指導教諭」は、スクールカウンセラー（ＳＣ）やスクールソーシャルワーカー（ＳＳＷ）のような心理や福祉の専門職ではなく、教育職である教諭が、教育相談領域で、ある種の専門性を認められた形で働くことを想定しています。その点で、「教育相談教諭」や「相談指導教諭」と教育相談コーディネーターは、ほぼ同一と考えてよいでしょう。文部科学省が教育相談コーディネーターの設置の必要性を

認めたことは、日本の教育相談の発展にとってはきわめて画期的な出来事だと考えています。

　ただ、課題がないわけではありません。私が思いつく限りで5つほどの課題があります。それは以下のような課題です。

課題1　三次的支援に偏った業務

　「児童生徒の教育相談の充実について（報告）」には、教育相談コーディネーターの主な業務として、ＳＣ、ＳＳＷの周知や相談受け付け、ケース会議の開催、ＳＣ・ＳＳＷとの連絡調整などの8項目が例示されています（第2章4参照）。しかし、教育相談コーディネーターがこれら8つの業務をきちんと遂行すれば本当に学校がよくなるのかといえば、残念ながら、私の経験からは「ノー」だと断言できます。

　なぜかといえば、教育相談コーディネーターの活動領域が、課題の大きい子どもたちに対する支援（三次的支援）に限定されているからです。三次的支援は当然重要ですが、三次的支援の対象者は児童生徒の数パーセントにとどまります。

　不登校や非行などの問題行動は、今、教室にいる子どもたちのなかで発生します。つまり教室にいる子どもたちがそうした行動に陥らないように、子どもたちの資質や能力を開発したり、関係性を改善したり、ハイリスクの子どもを支えるような視点が弱いということです。

課題2　求められる「考え方の転換」と教育活動のコーディネート

　三次的支援の充実は重要なことであり、それ自体は間違っていません。しかし、それだけでは不十分だとすれば、いったい

何が重要なのでしょうか。

　それは、"子どもの成長を促進する"という発想に立つことです。

　2016年7月の「不登校児童生徒への支援に関する最終報告」（不登校に関する調査研究協力者会議、2016年）には、「小学校段階と中学校段階の間に意図的な移行期間を設けたり、9年間を見通して予防的な生徒指導を充実させたりすること等により、不登校を未然に防止する取組を推進することが重要」という記述があります。文脈からすると、ここでは「予防」という言葉が、子どもの発達段階を踏まえた丁寧な支援に加え、資質や能力を育てる開発的な支援をも含めて使われています。

　また、滝（2011）は、「小学校からの生徒指導─『生徒指導提要』を読み進めるために」という文章のなかで、「問題が起きない学校づくり」と「体制づくりと連携」について述べ、児童生徒が着実に育つように教育課程編成から計画的に取り組むことや、共通の目的に向かってつながる連携の重要性を主張しています。まったくそのとおりだと思います。

　これらのことは、カリキュラムや教育プログラムの在り方を教育相談の視点から再構築すること、言い換えれば、"教育相談的な視点や方法を活用した教育活動を展開すること"の必要性を示唆していると考えます。ただ残念ながら、「児童生徒の教育相談の充実について（報告）」には、このような観点は十分ではありません。

　また、不登校等を生まない学校づくりのためには教員の力量形成は不可欠です。たしかに同報告では教育相談コーディネーターの8項目の業務のなかに「校内研修の実施」が挙げられてはいるのですが、例示されているのは「ＳＣ、ＳＳＷの役割や、学校としての活用方針等の共通理解」などであり、予防的・開

発的な視点での研修が想定されているわけではありません。したがって、予防的・開発的教育活動を推進するための学校体制づくりについては触れられていません。

　不登校やいじめといった問題に対処するためには、①対処的支援、②予防的・開発的教育活動のコーディネート、③それを可能にする教員研修の企画運営、④以上を具体化する学校体制づくりの４つが必要です。しかし、同報告では、①については取り上げられているものの、②と④についてはほぼ何も触れられておらず、③についても内容は示されていません。

　ちなみに、岡山県総社市ではこの①〜④を体系的に教員研修に織り込むことで、中学校における2018年度の不登校発生率は1.55％と全国平均の半分以下です。さらに、転入生を除いて幼児期から総社市の教育を受けてきた中学生に限定すると不登校の発生率は0.91％で、１％を切っています。

課題３　教育相談コーディネーター養成研修プログラムがない

　３つ目は、いくつかの先見の明がある自治体を除いては、教育相談コーディネーター養成研修プログラムがほとんど開発されていないということです。教育相談コーディネーター業務ができそうな人を校長がまずは指名して、その人なりに試行錯誤させているというのが実態のようです。

　厳しい言い方ですが、このようなやり方は、教育委員会が、内容もトレーニングも提供せず現場に丸投げしていると言われてもやむを得ないと思います。

　教育相談コーディネーターは、文部科学省が示す「チームのコーディネート」「教員研修の企画運営」に加えて「教育活動のコーディネート」「学校組織のオーガナイズ」までを含んで初め

て機能するようになります。教育委員会にはこのことの重要性をぜひ知っていただき、これら4つの観点を含めて教育相談コーディネーターの業務を明確にし、その業務遂行能力を高める養成研修プログラムを開発してほしいと考えます。

　また、本書の読者のなかには、まさに"丸投げ"をされて「どうしたものか」と思案されている先生もおられるかもしれませんが、ぜひ、この4つの観点を踏まえていただければと思います。

　なお、私が代表を務める公益社団法人学校教育開発研究所（AISES）では、こうした観点からのプログラムを開発し、一般研修会やeラーニング等で提供していますので、関心のある方は同研究所のホームページをご覧ください。

課題4　教育委員会の取組

　「児童生徒の教育相談の充実について（報告）」が出てすでに3年が経ちましたが、教育相談コーディネーターが指名されている自治体が多いわけではありません。教育相談コーディネーターの必要性ややり方について、教育委員会の理解が十分ではない実態があるということです。

　また同報告には、「教育相談コーディネーターの配置・指名には、担当教員を追加で配置する」という記述があります。実現するには予算的な措置も必要ですが、それを行っている自治体はほとんどないでしょう。どこの自治体も教育予算が削減されているなかで、教育委員会がどういう戦略をとり、実績を上げられる体制をつくっていくのか、教育委員会の取組の在り方が問われていると思います。また、現場からも声を上げていく必要があると考えています。

課題5　法律的な問題

　同報告のこの「教育相談コーディネーターの配置・指名には、担当教員を追加で配置する」という記述はかなり突っ込んだもので、文部科学省の本気度を垣間見ることができます。2019年10月に出された「不登校児童生徒への支援の在り方について（通知）」（文部科学省、2019a）のなかでも「各学校において中心的かつコーディネーター的な役割を果たす教員を明確に位置付けることが必要」と明記されました。

　ただ、残念ながら法的な根拠が必ずしも強くありません。ちなみに学校教育法第37条では、「副校長、主幹教諭、指導教諭、栄養教諭その他必要な職員を置くことができる」となっています。また、同施行規則では、教務主任、学年主任、保健主事、生徒指導主事、進路指導主事についての規定があります。しかし、教育相談コーディネーターや特別支援教育コーディネーターの規定は、文部科学省初等中等教育局長の通知でなされているだけで、法的な裏づけが残念ながら弱いものとなっています。教育相談コーディネーターが学校教育法や同施行規則に位置づけられ、予算措置も講じられるようになったとき、日本の生徒指導と教育相談はさらに大きく前進することになると考えられます。

＊

　いろいろと課題を挙げましたが、文部科学省が教育相談コーディネーターの設置の必要性を認めたことは、学校教育相談にとって画期的な一歩であることに間違いはありません。この機をとらえ、教育相談コーディネーターを、日本の学校教育に教育相談を定着させるテコとしていければと思っています。

第1章

学校教育相談の歩みと現状

1950年代から1995年までの歴史的変遷

　日本の学校教育相談は、1955年頃から、理論的にはカール・ロジャースの非指示的カウンセリングに依拠した相談室での個人カウンセリングを中心とする治療的活動としてスタートし、1980年代半ばまではこのような教育相談活動が続いていたようです。ところが、1970年代末から80年代前半にかけて、校内暴力の嵐が吹き荒れます。当時の教育相談の主流は、校内に「ミニクリニック」のような相談室を開設するやり方だったため、こうした事態にうまく対応することができませんでした。その結果、「教育相談の手法は反社会的な生徒や一般の生徒には活かしにくい」「生徒指導とは両立しない」「教育相談は集団の秩序を乱す」ととらえられるようになりました（栗原、1993）。相談室の多くは開店休業状態になってしまいました。

　こうした状況のなかで、教育相談をどうとらえればいいのかということについて、いくつかの考え方が生まれました。

　その1つが両輪論でした。「生徒指導の手引（改訂版）」（文部省、1981）には、「叱るとか、罰を与えるとかの方法による指示的・操作的な」訓育的手法と、「自己洞察を行い、自らの内に持つ成長の力によって自己を変容しながら問題を解決していくように援助する」相談的手法は、「生徒指導上互いに補完し合う車の両輪のような関係であり、この2つが1つに重なり合って初めて本来の機能が達せられるもの」とされました。

　しかし、一人の教師が訓育的手法と相談的手法という2つの手法を矛盾なく統合することは実際には困難です。こうした視点から、この2つの手法は本来別個のものであり、教師集団と

カウンセラーが分担して担当するのが妥当という役割分担論（小林、1984）が登場しました。今の文部科学省の施策も、この考え方に立脚しているように思われます。

この両輪論や役割分担論と、ある意味では対極にあるのが中核論です。今井（1986）は、両輪論には訓育的手法と相談的手法という2つの手法を統合する視点がないことを指摘し、「生徒に正面から対し、生徒を主体に」するという相談的姿勢を中核に据えるときに、訓育的手法と相談的手法とは、一人の教師のなかに矛盾なく統合されるという視点を打ち出しました。

また、中核論に続いて、受容・共感というカウンセリングの基本姿勢を教育の基本姿勢として強調するカウンセリングマインド論が広く受け入れられるようになっていきます。

両輪論や役割分担論と比較して、中核論とカウンセリングマインド論は、教師の姿勢としての教育相談の重要性を強調しており、教育相談的な姿勢は、教師が子どもにかかわる際の基本姿勢という認識を定着させ、「教育相談は必要ない」と考える教師が少なくなかった当時の状況に、一定のくさびを打ったと考えられるでしょう。なお、言及はしませんでしたが、教育活動としての教育相談を開発し、教育相談は教師の活動であることを明確に主張した國分（1981）の精力的な活動も、こうした動きと相まって、教育相談の必要性の認知を広く浸透させていったといってよいでしょう。

2　1995年からの歴史的変遷

1）教育相談活動の具体化の動き

ここまで見てきた学校教育相談についての変遷は、「教師は

教育相談にどのように向かい合えばいいのか」ということについての本質的な論議を含んでいましたが、理論というよりは理念に近いもので、教育相談の具体的な姿についての言及は、ほとんどありませんでした。

　こうした状況が変わってきたのが1990年代中頃です。当時、東京の高校教師だった大野（1997a、1997b）が、学校教育相談においてはカウンセリングだけではなく、コンサルテーションやコーディネーションなどを含む教育相談の具体的な実践の在り方やフレームを発信するようになっていきます。少し遅れて石隈（1999）も積極的にアメリカのスクールカウンセリングの状況を発信するようになり、学校教育相談は、問題行動についての対処的支援だけではなく、予防的支援と、より積極的な開発的支援からなる3層構造として考えると整理しやすいことも理解されるようになっていきます。

　教育相談実践の手法も、より現実的なものになっていきます。個人カウンセリングの手法としても、待ちの姿勢が強かった従来のロジャース流アプローチに加えて、カウンセラーの能動性が高い論理療法やブリーフセラピーなどの手法が紹介されるようになっていきました。また、課題の大きい子どもに対しては、個人カウンセリングだけではなく、チームでかかわるという考え方が生まれます。私も1995年にチーム支援の在り方について具体的な提案をしています（栗原、1995）。

　集団的アプローチについても、1980年代には構成的グループエンカウンター（國分、1981）が中心でしたが、1990年代にはソーシャルスキルトレーニングが、1990年代後半になるとピア・サポートなどの活動が普及するようになります。心や情動に関する取組も、ストレスマネジメント教育や、2000年代には、情動にかかわるコンピテンシーの開発に焦点を当てた「社会性と

情動の学習」（Social and Emotional Learning：ＳＥＬ）なども紹介され、「教育相談は相談室の中での個人カウンセリングにとどまらず、教室のなかでの人間関係づくりや心の成長を促す具体的手法である」という認識が生まれていきました。

　つまりこの時代は、学校教育相談の実践にかかわるフレームが整理されるとともに、具体的手法が開発され、徐々に普及していった時代と考えることができるでしょう。ただ、そうした実践も自発的な取組をする教師たちによる一部の実践にとどまっており、理解も普及も十分とはいえない状況であったと考えます。

２）問題の多様化・深刻化と文部科学省の施策

　一方でこの時期は、問題の多様化・深刻化が進み、それに対して文部科学省がさまざまな施策を打ち出した時期でもありました。

　まず、大きな問題となったのがいじめと不登校です。1994年に愛知県西尾市中学生いじめ自殺事件が起こります。このいじめ自殺事件は、社会に大きな衝撃を与えました。不登校については、不登校児童生徒数は1991年には６万6817人でしたが、95年には８万1591人に、2001年には13万8722人になってしまいます（文部科学省、2019b）。

　こうしたいじめや不登校問題に対応するため、臨床心理士などの"心の専門家"を全国の学校に配置するという「スクールカウンセラー活用調査研究委託事業」が1995年に始まります。全国154校への配置で始まった本事業は、2018年度には全公立小中学校（２万7500校）への配置を目標にするところまで普及しました。

　ただ、問題はいじめや不登校にはとどまりませんでした。

1990年代後半から2000年代にかけて、「キレる子どもたち」の存在が注目されるようになります。また、ほぼ同時期に小学校における学級崩壊が顕在化し、広く社会に知られるようになります。現場の混乱が続くなか、文部科学省が2002年に「通常の学級に在籍する特別な教育的支援を必要とする児童生徒に関する全国実態調査」を実施しました。その結果、「知的発達に遅れはないものの学習面や行動面で著しい困難を示すと担任教師が回答した児童生徒」が6.3％に及ぶことがわかり（文部科学省、2002）、情動のコントロールや対人関係に課題を持つ発達障害のある子どもが、通常学級に相当数在籍していることが理解されるようになりました。

　こうした状況に対して文部科学省は、特別支援教育コーディネーターを置く必要性に言及します（文部科学省、2003）。学校現場からは特別支援教育の専門家の配置を望む声が上がりましたが、日本にそれほど多くの専門家がいなかったこともあり、教師のなかから特別支援教育コーディネーターを指名し、研修によって彼らを専門家として位置づけるという方向がとられました。いずれにせよ"発達の専門家"を学校内に位置づけることが意図されたわけです。

　さらに2000年代に入って表面化したのが、児童虐待の問題です。児童相談所での児童虐待相談対応件数は、1994年には1961件だったのが、2015年には10万3286件と50倍以上の相談対応件数となります（厚生労働省調べ）。虐待は身体的虐待だけではなく、性的虐待や心理的虐待、ネグレクト（養育放棄）などを含む概念ですが、貧困問題と相まって状況が深刻化していきました。こうした状況に対して2008年、「スクールソーシャルワーカー活用事業」が始まり、その後の10年でずいぶんと拡大してきています。

児童生徒の自殺問題も深刻化しています。1995年の児童生徒の自殺者数は139名だったのが、2015年には215名となっています。この間、児童生徒数自体は24.0％減少していますので、児童生徒数当たりの発生率は2.03倍となっています。この数値は年度によって多少の増減を繰り返しながらも現在も増加の方向にあります。

3）問題の多様化・深刻化の背景

　今述べたように、1995年以降の20年間は、いじめ・不登校・発達障害・学級崩壊・虐待・貧困・自殺などの問題が次々に顕在化し、そうした問題に対して、文部科学省も多くの答申や報告書を作成し、スクールカウンセラー（ＳＣ）、特別支援教育コーディネーター、スクールソーシャルワーカー（ＳＳＷ）を配置するなど、さまざまな施策が打たれた時期といえます。

　ただ、残念なことに、不登校も、いじめも、学級崩壊も、虐待も、自殺も、すべての数値は悪化の一途をたどりました。このことは何を示唆しているのでしょうか。

　第1に、子どもたちの置かれている状況が非常に厳しいということです。実際、2019年8月に厚生労働省から公表された児童虐待相談対応件数（速報値）は15万9850件で過去最多、2019年10月に公表された「平成30年度 児童生徒の問題行動・不登校等生徒指導上の諸課題に関する調査結果について」（文部科学省、2019b）では、暴力行為、いじめの認知（発生）件数、不登校児童生徒数がすべて過去最多でした。

　第2に、文部科学省をはじめとする行政的施策の有効性が十分ではないということです。ＳＣの配置拡充、ＳＳＷの配置拡充、特別支援教育の推進など、さまざまな施策が展開されているにもかかわらず成果が上がらないのは、施策の規模や予算が

事象に対して小さすぎる可能性があります。

　第3に、こうした問題についての理解や考え方の方向性が必ずしも十分ではないということです。この二十数年、文部科学省はさまざまな問題に対してさまざまな報告書を出しています。私もそれを読んでいますが、1つ1つについては納得する部分も多くあります。

　ただ、1つ、不十分だと思う点があります。

　例えば、体の弱い子どもはいろいろな病気にかかりやすいでしょう。そして病気になれば治療が必要です。しかし、治療は予防にはなりません。その子どもが病気にかかりにくくするためには、体力をつけていくことが必要です。これは、ちょうどいじめや不登校などの問題に似ています。問題が起こっている以上、対処は必須です。しかし、対処の充実は、今後、同様の問題が生じないことを保障しません。対処は予防ではないからです。

　問題が噴出するということは、「子どもの心理的・社会的成長が危機的な状況にある」と考えるのが妥当です。ですから必要なことは、「子どもの心理的・社会的成長を支える」こと自体だということです。こうした観点から文部科学省の報告書や施策を見てみると、その施策は子どもの成長支援というよりは、対処のための施策がほとんどであることがわかります。

　第4に、学校の実行力です。どれほど優れた報告書が出され、問題解決に至る道筋が提示されたとしても、それを実行できなければ問題は解決しません。そのためには、教員の力量が必要です。このように書くと、問題がなかなか解決を見ないのは教員が悪いと言っているように誤解されるかもしれませんが、そういうことではありません。私は、生徒指導の先進国といわれる国々を10か国ほど回ってきましたが、日本の教員のポテンシ

ャルはきわめて高いと感じています。それが十分に発揮できないとすれば、持っているポテンシャルを十分に活かしきれないマネジメントや研修システムに問題があると考えています。

3　歴史から学ぶ

　西ドイツや統一ドイツの大統領を務めたR・ワイツゼッカーの「過去に目を閉ざす者は、現在にも盲目になる」という言葉は有名です。これは直接的には第二次世界大戦の過ちについて語ったものですが、教育相談についても当てはまる指摘だと思います。

　私たちは、日本の教育相談の歴史から何を学べるのでしょうか。いくつか、私の考えることを述べておきたいと思います。

1）治療的教育相談への過度な期待は有効ではない

　1970年代まで、日本の教育相談は、個人カウンセリング指向でした。しかし、1980年代、学校に校内暴力の嵐が吹き荒れると、そのやり方は学校では通用しなくなっていきました。また、スクールカウンセラー制度が始まる前年の1994年度、中学校の不登校生徒数は6万1663人（1.32%）でしたが、2019年度の不登校生徒数は11万9687人（3.65%）で（文部科学省、2019b）、人数比で1.94倍、発生率では2.76倍となっています。

　教師、ＳＣにかかわらず、事後対応としての教育相談は必要ではあるけれど、不登校や問題行動を減少させることへの効果はさほど大きくはないということを私たちは学ばなくてはなりません。

２）ガイダンスプログラムの運営や
　授業に活かす教育相談が教師の強み

　個人カウンセリング志向の教育相談は、その必要性自体は認められてはいましたが、学校全体に広がることはなく、特定の教師の実践にとどまっていました。その一方で、カウンセリングマインドという言葉は広く受け入れられ、「カウンセリングマインドを活かした○○の授業」といった公開授業も多く行われていましたし、構成的グループエンカウンターなどのガイダンスプログラムも、かなりの学校で実践されていきました。

　今後の教育相談の展開を考える際に、こうした事実を踏まえることは重要なことだろうと考えます。

３）目的・目標・戦略・作戦・戦術の重要性

　「文部科学省のさまざまな報告書については、私も納得する部分が多い」と述べました。にもかかわらず、現実の学校は、次々に起こる現実への対応に翻弄されているように見えます。なぜなのでしょうか。

　最前線にいる教師にとって最も必要なのは、具体的なこと、つまり、目の前の子どもや保護者にどう接するか、明日の授業をどうするかということです。これは戦術に当たります。たしかに、戦術がよければその場をしのぐことはできます。そのために戦術に関心が向き、それ以外のステップが軽視されがちです。しかし、戦略や作戦がなければ、本当にうまくいっているかどうかわかりません。目的や目標がなければ、結局、どこに向かっているのかわかりません。

　目的を達成するために一番重要なのは、まずその目的（objective）が、明確で妥当なものであることです。そして、それを達成するために、よく考えられた、いくつかの具体的な目

標（target）が設定されます。その上で、その目標を達成するための大局的で中長期的な戦略（strategy）が考えられ、その戦略を遂行するためのシナリオである作戦（operation）が描かれます。そして最後は、その作戦を成功させるための具体的な戦術（tactics）が必要になってきます。分析が正しいにもかかわらず成果が十分にあらわれないとすれば、この目的から戦術までのプロセスのどこかに課題があると考えられます。

　ある教育委員会主催の研修会で、「先生の講座は人気があるので、定員の倍の200名の申し込みがあった。ある学校からは初日に6人の申し込みがあった。そうした学校には申し訳ないけれども1校1名とさせてもらった」と説明を受けたことがありました。この教育委員会の措置をみなさんはどう思いますか。

　私は、「希望人数の多い学校から全員受講させることはできませんか」と聞きました。それは、管理職が、おそらくはこの目的・目標・戦略・作戦・戦術を意識したからこそ、わずか25人ほどの教員のなかから各学年1名の出張を許可したのだろうと感じたからです。実際、この学校からは、後日、研修会の依頼があり、私の予想どおりでした。

　教育委員会が研修会を実施する目的は、「すべての学校に知ってもらうために、平等に研修の機会を提供する」ことで、私の目的は、「研修によって学校を変える」ことでした。目的の違いがあらわれたと、そのときは感じました。と同時に、「教育委員会が今のやり方を続けている限り学校は変わらないだろう」とも思いました。

　教育相談コーディネーターは、学校の課題を分析し、的確な目的を設定し、具体的な下位目標を立て、教師やＳＣ、ＳＳＷ

などの資源を十分に活用する戦略と具体的な作戦をチームで練り上げ、作戦遂行のための戦術を決定することが求められます。その際には、まずは最上位となる目的から、次いで目標、そして戦略、作戦、戦術へと考えていく発想が必要になります。

　そして、考え出されたこれらのステップを教職員で共有することが、教職員の一致を生み出し、より効果的な実践を生み出すのです。

第2章

学校教育相談と教育相談コーディネーター

教育相談にかかわる国の動き

　2015年12月21日に、中央教育審議会が「チームとしての学校の在り方と今後の改善方策について」を答申しました。この答申では、スクールカウンセラー（ＳＣ）やスクールソーシャルワーカー（ＳＳＷ）について、「国は、将来的には学校教育法等において正規の職員として規定するとともに（中略）法律において教職員定数として算定し、国庫負担の対象とすることを検討する」と述べるとともに、「今後は、スクールカウンセラーやスクールソーシャルワーカーが配置されている学校において、それらの専門スタッフとの協働が求められることから、協働のための仕組みやルールづくりを進めることが重要である」と指摘しています（中央教育審議会、2015）。

　この中央教育審議会と並行して開催されていたのが「不登校に関する調査研究協力者会議」で、私も意見を求められて出席し、教育相談コーディネーターの必要性を力説しました。それがどの程度功を奏したのかはわかりませんが、最終的にこの会議は、2016年7月29日に「不登校児童生徒への支援に関する最終報告」を刊行し、そのなかで「学校として組織的な対応を行うため不登校対策について中心的かつコーディネーターとしての役割を果たす教員を明確に位置付けることが必要である」と指摘しました（不登校に関する調査研究協力者会議、2016）。

　さらに2017年2月3日、文部科学省は「児童生徒の教育相談の充実について（通知）」を出し、「学校において、組織的な連携・支援体制を維持するためには、学校内に、児童生徒の状況や学校外の関係機関との役割分担、ＳＣやＳＳＷの役割を十分

に理解し、初動段階でのアセスメントや関係者への情報伝達等を行う教育相談コーディネーター役の教職員が必要であり、教育相談コーディネーターを中心とした教育相談体制を構築する必要がある」と述べ、「教育相談コーディネーター」という言い方を打ち出しました（文部科学省、2017a）。

　このように、教育相談コーディネーターの任命や配置の必要性が指摘されるようになりましたが、教育相談コーディネーターの任命や配置は、先駆的な自治体を除けばあまり多くはありませんでした。

　こうしたなか、2019年10月25日、文部科学省は、「不登校児童生徒への支援の在り方について（通知）」（文部科学省、2019a）を出します。実は2016年にも、「不登校児童生徒への支援の在り方について」という同名の通知が出されています。

　2019年版で新たに加えられたことは大きくは2つあります。1つは、教育支援センターや民間施設等の学校外の施設における児童生徒の取組を把握し、積極的に評価し、その学習意欲に応え、自立を支援していくことの重要性です。

　もう1つは「各学校において中心的かつコーディネーター的な役割を果たす教員を明確に位置付けることが必要であること」という指摘です。つまり、2019年の通知は、この2つの点を付け加えるために、2016年の通知を廃止して出されたものだということです。

　このことからもわかるように、これからの学校教育相談は、より広範な視野で不登校等をとらえ、ＳＣやＳＳＷという専門職とともに、教育相談コーディネーターを軸として回っていくことになると考えられます。

2 教育相談コーディネーターをめぐる歴史

　2010年3月に作成された「生徒指導提要」のなかには、「チームによる支援を行う場合には、教職員、保護者、教育委員会、関係機関等や地域との連絡・調整役（コーディネーター）が必要となります。調整役は、専門的な知識、スキル、経験等を有する生徒指導主事や管理職、養護教諭などが務めます」（文部科学省、2010）という文章が出てきます。

　このように、コーディネーターとかチーム支援という概念は近年になって生まれたものではありません。例えば、1999年に出版された石隈利紀の『学校心理学』という書籍の副題は「教師・スクールカウンセラー・保護者のチームによる心理教育的援助サービス」です。私自身も1995年にはチーム支援に関する論考を書いています（栗原、1995）。前述したように、日本学校教育相談学会は1990年に設立された学術団体ですが、その設立の当初から「教育相談教諭」構想を掲げています。これは現在の教育相談コーディネーターと内容的にほぼ一致するものです。

　こうしてみると、チーム学校、チーム支援、教育相談コーディネーターという考え方は、すでに30年以上も前からその必要性が認識されていて、実践も積み重ねられているといってよいでしょう。

3 文部科学省の考える教育相談コーディネーター

　この教育相談コーディネーターについて、国はどのように考

えているのでしょうか。「児童生徒の教育相談の充実について（報告）」(教育相談等に関する調査研究協力者会議、2017) を少し詳しく見てみましょう（この内容は学校教育開発研究所（ＡＩＳＥＳ）のコラムに執筆した内容を土台にしています）。

　まず同報告では、教育相談コーディネーターの役割について、「学校全体の児童生徒の状況及び支援の状況を一元的に把握し、学校内及び関係機関等との連絡調整、ケース会議の開催等児童生徒の抱える問題の解決に向けて調整役として活動する教職員」であるとし、こうした役割の教職員を、「教育相談コーディネーターとして配置・指名し、教育相談コーディネーターを中心とした教育相談体制を構築する」と述べています。

　また、教育相談コーディネーターの配置・指名は、「担当教員を追加で配置する」のが基本ですが、学校の状況はいろいろですので、「教育相談主任等が担当したり、副校長、教頭及び主幹教諭や養護教諭又は特別支援教育コーディネーターが兼ねたり、複数の教職員がこの役割を担ったりするなど、学校の実情に応じ柔軟な対応が考えられる」ということです。

　形式はどうであれ、重要なのは、教育相談コーディネーターが実際に機能することです。このことについては、「教育相談コーディネーターに対し、職務を遂行する上での一定の役割を与えることや学校の実情に応じ授業の持ち時間の考慮、学級担任以外の教職員とするなどの配慮も必要である」と書かれています。

　これは、教育相談担当者が何らかの位置づけを得て、時間的軽減もされて、一元的な情報の中心的機能を果たすこと、つまり、バレーボールでいえばセッター、バスケットでいえばポイントガード、音楽でいえば指揮者の役割を果たすことが必要だということです。

この配置・指名は予算も絡むことですので、実際にはどのようになるのか、現時点でははっきりしませんし、自治体によって意識も取組もバラバラです。ただ、こうした方向性にあることだけははっきりとしています。

4 教育相談コーディネーターの8つの主な業務

　この「児童生徒の教育相談の充実について（報告）」には、教育相談コーディネーターの主な業務が8つ挙げられています（教育相談等に関する調査研究協力者会議、2017）。

①ＳＣ、ＳＳＷの周知と相談受け付け
②気になる事例把握のための会議の開催
③ＳＣ、ＳＳＷとの連絡調整
④相談活動に関するスケジュール等の計画・立案
⑤児童生徒や保護者、教職員のニーズの把握
⑥個別記録等の情報管理
⑦ケース会議の実施
⑧校内研修の実施

　これを見るとまさにコーディネーターという印象ですが、学校心理学に位置づけると、不登校やいじめを想定した支援ニーズの大きい一部の児童生徒に焦点化した活動（三次的支援）がほとんどになっています。

　このことは、言い換えれば、教育相談コーディネーターの任命と配置は、いじめや不登校の急増と深刻化という事態に対して、学校の中心となってしっかりと対処してほしいという切迫

感のあらわれといってよいでしょう。

5 教育相談コーディネーターの本当の役割

　では、教育相談コーディネーターは、この8つの業務を行えば、十分に役割を果たしたといってよいのでしょうか。

　どうやら、そうではなさそうです。同報告には、SCの役割として、「心の健康保持活動（ストレスマネジメントや対人関係訓練等）」という言葉が出てきたり、「SCは、児童生徒の心の健康促進のために、予防的な取組や活動を、教員と積極的に協働して行うことが望ましい」という表現も出てきたりしています（教育相談等に関する調査研究協力者会議、2017）。

　また、「不登校児童生徒への支援に関する最終報告」には、「……9年間を見通して予防的な生徒指導を充実させたりすること等により、不登校を未然に防止する取組を推進することが重要である」といった、かなり突っ込んだ記述もあります（不登校に関する調査研究協力者会議、2016）。

　こうしたことを考え合わせると、「児童生徒の教育相談の充実について（報告）」にある8つの業務はミニマムかつ暫定的なもので、こうした役割に加え、児童生徒の心の健康促進のために、カリキュラムや教育プログラムのあり方を再考し、それを可能にする体制を構築することも、教育相談コーディネーターの重要な役割と考えるのが妥当だと思われます。

　「児童生徒の教育相談の充実について（報告）」で例示されている教育相談コーディネーターの8つの主な業務は、不登校やいじめなどの問題に対する対処的支援を中心としたものですが、それ以外にも、予防的・開発的支援を可能にするカリキュ

ラムや教育プログラムづくり、それを可能にする教員の力量形成の支援、学校体制や専門機関を含む、より広範な連携協働体制づくりが必要になると考えられます。

　これは今後の大きな課題となってくることでしょう。

第3章

求められる学校教育相談とは

生徒指導・教育相談はプログラムで動く

　学校で行う教育には、目的があります。最上位にくる目的は、教育基本法にある「人格の完成」であり「平和で民主的な国家及び社会の形成者として必要な資質を備えた心身ともに健康な国民の育成」ですが、それを具現化するための「学習指導要領」では、さらに具体的に「知識・技能」「学びに向かう力・人間性」「思考力・判断力・表現力」が目標として掲げられています。その達成に向けて、教科ごと、学年ごとに下位目標があり、さらに学習内容が用意され、授業計画や教育計画、いわゆる教育課程があります。学び方についても、「主体的・対話的で深い学び」という視点の重要性が強調されています。

　そして学校全体として、複数教科の連携や、地域連携を視野に入れながらカリキュラムマネジメントを行い、最終的には、その達成度を何らかの基準で検証し、次年度の改善につなげていきます。このように、目的を達成するために入念に考えられ、設計された教育プロセスの全体が学校教育計画ということになります。

　では、生徒指導や教育相談の場合はどうでしょうか。

　生徒指導の目的も、究極的には、教育基本法にある「人格の完成」であり、「平和で民主的な国家及び社会の形成者として必要な資質を備えた心身ともに健康な国民の育成」ということになります。それを具現化する「学習指導要領」に相当するものは、「生徒指導提要」(文部科学省、2010) です。このなかでは、生徒指導は「教育課程の内外において一人一人の児童生徒の健全な成長を促し、児童生徒自ら現在及び将来における自己実現を

図っていくための自己指導能力の育成を目指す」ことが明示されています。また、そのための観点として、「①児童生徒に自己存在感を与えること」「②共感的な人間関係を育成すること」「③自己決定の場を与え自己の可能性の開発を援助すること」の３点に留意すること、活動の枠組みとしては、成長を促す指導、予防的な指導、課題解決的な指導という３つの下位目的があり、それを、集団指導と個別指導のそれぞれの場面で展開していく必要があること、その前提として、児童生徒理解の重要性や研修の重要性が述べられています。

　さらにこの提要には、「どのように生徒指導を進めるかというカリキュラムを教職員の総力を結集して開発しておく必要があります」という一文があります。つまり、児童生徒の全人的成長を目的とし、具体的には自己指導能力の育成を目指す生徒指導プログラムを開発し、それを教育課程に位置づけて、系統的・体系的に展開していくことが重要なのです。

2　生徒指導の包括的プログラムの必要性

　では、日本の生徒指導プログラムは機能しているのでしょうか。

　不登校の件数やいじめの認知件数の増加を見るとき、残念ながら、機能しているとは言い難い現実があります。いったい何が問題なのでしょうか。

　このことについてはプロローグでも少し触れましたが、日本では、生徒指導をプログラムで展開するという発想自体がほとんどないという事実があります。昨今、不登校やいじめ問題の増加が深刻ではありますが、それでも日本の生徒指導上の問題

発生率はＯＥＣＤ諸国のなかでは最低水準です。これは、それだけ日本の先生方が頑張ってきたということでもありますが、言い換えると、「少ない子どもの問題に、優秀で善意あふれる教師が、手探りで、いわば個人芸として、生徒指導を行ってきた」ということなのだろうと考えています。これまでの問題の多くは、それでも何とかなるくらいの深刻度と発生率だったのですが、ここに来て諸外国並みに厳しい状況が生まれつつあるわけです。ただ、日本は教師の個人的な頑張りで問題に対処してきたために、そうした困難な状況に系統的・体系的な生徒指導プログラムによって対応するという発想自体がないと、私は感じています。

　次に実際のプログラムについてですが、特定の目的を持ったプログラムはそれなりに開発されています。構成的グループエンカウンターや海外から輸入されたプロジェクトアドベンチャーなど、かなり有効な方法だと私も感じています。ピア・サポートプログラムは、近年、多くの成果報告があり、今後も有望なプログラムだと考えます（日本ピア・サポート学会、2011）。また、私自身もいじめ問題に特化したプログラムを開発しています（栗原、2013）。

　ただ、「生きる力」や「自己指導能力」は、単一のプログラムで育むことができるわけではありません。「どのような下位目標を設定するか」「個々の下位目標達成のために、どのような場面で、どのような活動を行うのか」「どの程度の時間が必要か」「教育課程やシステムに位置づけるにはどうする必要があるのか」「個別差に応じるにはどうすればいいのか」「全教職員で取り組むにはどのような組織体制が必要か」「研修は何をどの程度やる必要があるのか」「評価はどのように行うのか」といったことを具体的に検討し、包括的にプログラム化する必要があります。

包括的プログラムを展開する際の2つの問題

　このような、全人的な成長を視野に収めた生徒指導のプログラムを「包括的プログラム」といいますが、こうしたプログラムを開発するのは容易ではありません。先ほどの「生徒指導提要」にあったように、まさに「教職員の総力を結集して開発しておく必要があります」という言葉のとおりです。

　包括的プログラムについては、主にアメリカのプログラムが紹介されています（本田ほか、2019；石隈、1999；など）。ただ、スクールカウンセラー（ＳＣ）やスクールソーシャルワーカー（ＳＳＷ）の立場から書かれたものが多く、教師の立場から書かれたものがほとんどないのが現状です。そして、それは私が本書を執筆している理由の１つでもあります。なぜないのかと言えば、「日本の生徒指導や教育相談は教師の個人芸であったり職人芸であったりして、生徒指導をプログラムで展開するという発想自体がほとんどない」という考え方（マインドセット）の問題、「パーツに相当する個別プログラムはあるが、包括的プログラムがない」という実践上の問題、この２つの問題の壁をなかなか破ることができないからです。

　教育相談コーディネーターの本質的な役割には、成長を促す指導、予防的な指導、課題解決的な指導という３つの下位目的があり、それを、集団指導と個別指導のそれぞれの場面で展開していく包括的な生徒指導プログラムを、生徒指導主事をはじめとする学校の先生方やＳＣ、ＳＳＷと協力して創造し、それを具現化していくことにあるということです。

　なお、私たちは、自分たちの実践している包括的プログラム

をマルチレベルアプローチ（ＭＬＡ）と呼んでいます。これまで私が視察した十数か国の教育委員会や学校で得られた知見を包括的生徒指導プログラムとしてまとめ、日本の実態に合わせて展開できるようにリメークしたものです（栗原、2017）。10章でその概要に触れてはいますが、本書は包括的生徒指導プログラムそのものを記すことを目的とはしていませんので、詳細は、栗原慎二編著『マルチレベルアプローチ だれもが行きたくなる学校づくり―日本版包括的生徒指導の理論と実践』をご一読ください。

4 効果的な包括的プログラムの条件

　生徒指導の効果的な包括的プログラムを考えるにあたっては、ユネスコによる「万人のための教育」（ＥＦＡ：Education for All）の進捗をまとめた「ＥＦＡグローバルモニタリングレポート2007」（EFA Global Monitoring Report Team ©UNESCO 2006）という報告書が参考になります。そのなかには、効果的な教育プログラムの要件として、以下の４つが書かれています。

①１つの課題にのみ焦点を当てるのではなく、複数の課題解決の取組を組み合わせたアプローチであること。

②伝統的な取組の上にインクルーシブなプログラムを取り入れたものであること。また、子どもたちの言語的・文化的多様性を尊重し、特別なニーズや障害のある子どもたちを普通学級で教育するものであること。

③母語によるプログラムであること。

④最も重要な要因は、子どものニーズに即した、子どもとのふれあいが重視されていること。

第1の「複数の課題解決の取組の組み合わせ」という点です
が、これを学校教育に当てはめれば、身体・パーソナリティ・
社会性・学業・キャリアという人間の発達の5側面を踏まえ、
全人的に発達させる「包括的なプログラム」であることと言い
換えることができるでしょう。

　第2の「インクルーシブ」ということですが、同報告書では、
インクルーシブという言葉がマイノリティ全般に対する言葉と
して用いられており、特別な教育ニーズを持つ子どもたちに対
応することの重要性を述べています。学校にはさらなる成長促
進のためのかかわりが望まれる子どもも、特別な支援ニーズを
持つ子どももいます。そうした子ども一人一人に対応する教育
が求められるということです。それは、支援ニーズに応じた
「多層的支援」を構築すること、すべての子どもが適応しやすい
「ユニバーサルデザイン」の授業や環境づくりを進めること、そ
の上で「個別の支援ニーズに応える体制」を構築することとい
えます。

　第3に「母語」とありますが、これは単に日本語という意味
ではなく、「その言葉が理解できる」「心に届く」ことの重要性
を意味するものと解釈できます。正しければ相手に届くわけで
はなく、伝わる言葉で語らなければ、相手には響かないという
ことです。子どもに必要な内容を、子どもの視点で、子どもの
言葉で語り、子どものニーズを充足することの重要性を示唆し
ているものといえるでしょう。

　第4に、「子どもとのふれあい」という「情緒的交流」が決定
的に重要であるという指摘ですが、これは学校教育にもそのま
ま当てはまると考えてよいでしょう。

　以上の、①包括性、②多層性と個への配慮、③ニーズの充足、
④情緒的交流という4つの要件を満たすことが、効果的なプロ

グラムの条件ということになります。

学校教育における「個への配慮」

　教育相談は、この４つの要件のなかの「個への配慮」のための活動だと考えておられる方もいらっしゃるかもしれません。そこで、ここでは、この「個への配慮」について考えたいと思います。

　「個への配慮」といえば、まずはカウンセリングや個別支援が思い浮かびます。欧米のみならずアジアでも、ＳＣやＳＳＷは一校に常勤で複数配置されているところが多くなっています。日本でも遅ればせながら、ＳＣやＳＳＷの常勤化の方向性が打ち出され、公認心理師の養成が始まっています。時間はかかりますが、徐々にそういう方向に進むでしょう。

　ただ、それだけでは十分ではありません。ご存じのように、小学校においては、1998年には1706件だった暴力行為は2018年度には３万6536件に増加し、20年間で21.4倍にもなりました。同様に、いじめは33倍、不登校は1.72倍になっています（文部科学省、2019b）。20年間で基準や環境が変わっているので単純な比較はできませんが、これは途方もない数値です。

　「発達障害のある子どもが増えた」という方もいらっしゃいますが、そもそも発達障害は遺伝的な要因もあり、「発達障害がある子ども」が急増することはありません。ですから、発達障害のある子どもの増加が暴力行為や不登校・いじめの急増の原因と考えるのは間違いです。

　では、この現象をどうとらえたらいいのでしょうか。

　第１章でも述べましたが、私は「子どものパーソナリティや

社会性の成長自体が危機的な状態にある」と考えています。こ
の数十年間の社会の変化は、虐待を含むさまざまな問題を生
み、子どもが育ちにくい環境になりました。その結果、その成
長に大きなばらつきが生じ、弱くもろい子どもたちが増えてい
るのではないかということです。そして、この数値は、「学校
は、そうした現代の子どもに必要な教育を提供できていない」
ことを反映しているのではないでしょうか。

　「個への配慮」は、「従来のやり方に子どもがついてこられな
いことを嘆く」ことでも、「ついてこられない子どもをＳＣやＳ
ＳＷにお願いする」ことでもありません。子どもたちの成長に
ばらつきがあり、学習面でも生活面でも弱くもろい子どもたち
が多くいることを前提として、授業の在り方、学級経営の在り
方、学校の在り方を見直すことです。つまり、「学校教育の在り
方を変える」ことです。教育相談は、その際の重要な視点を提
供します。

6 発達障害と「個への配慮」とＵＤＬ

　「通常の学級に在籍する発達障害の可能性のある特別な教育
的支援を必要とする児童生徒に関する調査結果について」で
は、「学習面又は行動面で著しい困難を示す」児童生徒の割合
は、全体では6.5％、小学校１年生では9.8％と推定されています
（「通常の学級に在籍する特別な教育的支援を必要とする児童生徒に関す
る調査」協力者会議、2012）。もし、「著しくはないがかなりの困難
を示す」というカテゴリーがあったならば、この数値は２割程
度には跳ね上がると思われます。

　学校教育の仕事は、こうした困難を示す子どもたちを含むす

べての子どもの学びと充実した学校生活を保障することです。これだけの数の子どもたちに対して、ＳＣやＳＳＷが「個への配慮」としてのカウンセリングを行うことは不可能です。

　では具体的にはどうすればいいのでしょうか。この点に関して、アメリカのＣＡＳＴ（the Center for Applied Special Technology：http://www.cast.org/〔2020年３月６日参照〕）が提案しているＵＤＬ（Universal Design for Learning：学びのユニバーサルデザイン）が参考になります。学校の仕事は、たとえ能力差や障害があったとしても、それぞれの子どもの学びを保障し、その能力をそれぞれの子どもにとっての最大限に伸ばせるようにすることですが、ＵＤＬはそのための具体的な考え方や方法論を提供しています（ホールほか、2018）。

　確認しておきたいことは、「個への配慮」は、カウンセリングを行うことだけではないですし、ＳＣやＳＳＷだけの仕事でもないということです。問われているのは、「教師が、授業のなかで、教室での毎日の生活のなかで、子ども一人一人の成長をどのように保障し実現するのか」ということです。それは教師が「授業や学級経営を見直す」ことを意味しています。

7　"従来の教育"を見直すとは

　「授業や学級経営を見直す」とはどういうことでしょうか。

　従来の学校教育は、各学年の"普通の子ども"を想定し、その"普通の子ども"のための授業を行い、いろいろなスキルを教えていました。おおざっぱな言い方で申し訳ありませんが、その教育についていけない子どもは「その子どもや家庭に原因がある」と認識され、良心的な先生方は子どもに「もっと頑張

らせて、ついていかせる」ことを要求してきたわけです。ただ、そうした子どもの数は増え、深刻さも増している状況が広がり、超過勤務で対応するという事態が生じているのが現状です。

　ところで、みなさんは、車いすの子どもがいて、教室の移動がままならず、一人で教室で過ごしていたとしたら、その子どもに「そのままでは世の中では通用しないから、努力して２階までのぼれ」と言うでしょうか。それとも、学級全体に「なぜ助けなかったのか」と言うでしょうか。

　おそらくは後者でしょう。ここで考えてみてください。読み書き・計算・推論などに障害のある学習障害（ＬＤ）の子どもに、あるいは感情理解や行動の制御等に障害のある自閉症スペクトラム（ＡＳＤ）や注意欠如多動性障害（ＡＤＨＤ）のある子どもに、「そのままでは世の中で通用しないから、努力で克服しろ」と言うのは正しいのでしょうか。車いすで２階にのぼれと言うのと同じではないでしょうか。もしそうだとすれば、その子どもが勉強も学校生活も嫌いになるのは、当然です。

　読み書きに障害のある子どもに、漢字書き取りを100回やらせても覚えません。それどころか、勉強は嫌いになり、友達からはバカにされ、先生のことを嫌いになり、自尊感情もボロボロになるかもしれません。

　頑張らせることは当然重要です。しかし、その前提は、その子どもに合った指導や支援の在り方を見いだすことです。目が悪い人に対して、「努力で克服する」ことを求めるのは何の生産性もありません。視力に合った「ちょうどいい眼鏡」を探した上での努力なのです。教師には、いわば、その子どもにとってのちょうどいい眼鏡を、子どもと一緒につくっていく作業が求められるわけです。

　繰り返しになりますが、小学校の暴力行為が、1998年から

2018年度の間に21.4倍、いじめは33倍、不登校は1.72倍となっているという事実は、「子どものパーソナリティや社会性の成長自体が危機的な状態にある」こと、そして「現在の学校教育が現代の子どもの実態に即したものになっていない」結果だと考えます。

　学校教育相談は、基本的には、子どものパーソナリティや社会性の問題を解決することが目的です。ですから、教育相談コーディネーターの仕事は、すべての教師が、こうした事実に気づき、考え方（マインドセット）を転換し、実行できるように導くことであり、そのことを通じて「すべての子どもの学びを保障し、学校生活を楽しめる学校」を具現化することです。なかなか歯ごたえのある仕事になりますが、そのことが教育相談コーディネーターの仕事の本質だろうと考えます。

8 成長支援と適応支援

　学校や先生方は、不登校の子どもや発達障害のある子どもを、「なんとか教室に戻そう」「なんとか適応できるように」と考えて、保護者と連携したり、学級経営を工夫したりしながら努力を重ねておられます。文部科学省も、ＳＣやＳＳＷを導入したり、別室登校や適応指導教室、あるいはフリースクールを認めたり、さまざまな取組を進めていますが、効果は限定的です。いったい何が問題なのでしょうか。

　私は、これらの取組には「成長支援という視点が不足している」と考えています。「なんとか子どもを教室に戻そう」「なんとか適応できるように」という姿勢の支援は、本質的には「適応支援」です。第２章でふれた「児童生徒の教育相談の充実に

図1　成長支援と適応支援

・適応支援をいくらやっ
ても、子どもの成長が
十分でなければ、効果
は出にくい。

・これは、子どもにも、
大人にも当てはまる。

ついて（報告）」にある教育相談コーディネーターの8つの役割
を見ても、そこで求められていることは、基本的には「適応支
援」であることがわかります。

　しかし、十分に成長していない子どもを適応させることはで
きるでしょうか。例えば、運動神経も身体も十分に発達してい
て高校生レベルに達している高校1年生が強豪校に入学し、部
活動に入部したらどうでしょう。少し苦労はするでしょうが、
何とかなるでしょう。しかし、体力的にも運動神経もまだ中学
生レベルの普通の高校生だとしたら、相当にきついでしょう。
頑張って続けても、家に帰ったら爆睡するかもしれません。体
力的にも厳しく運動神経もやや鈍い高校1年生は、数日ももた
ないかもしれません。

　勉強でいえば、基礎学力が十分にある子どもが問題の解き方
で苦労している場合、ほんの少しの支援で問題が解けるでしょ
う。しかし、基礎学力がなければ、なかなか問題は解けません
し、同じことが繰り返されるかもしれません。基礎学力が重要
ということです。

　つまり、十分に成長していることが適応の条件なのです（図

1）。成長が十分でなければ、適応支援にかかる負担は大きくなりますし、適応支援だけではどうにもならない場合もあるということです。

　私は、行政や先生方の努力にもかかわらず、不登校等の問題がなかなか改善の方向に進まないのは、力点が適応支援に偏りすぎていることにあると考えています。適応支援は教育相談における非常に重要な一側面ですが、土台となるのは成長支援であるといってよいでしょう。

　ＳＣやＳＳＷは、適応支援の専門家です。教師は、適応支援もカバーしますが、基本的には成長支援の専門家です。この両者が分業ではなく、本当の意味での協働を行い、より質の高い成長支援と、より有効な適応支援を実現できるようにすることが教育相談コーディネーターの役割ということになります。

＊

　第３章では、生徒指導・教育相談はプログラムで動くこと、適応支援が機能する大前提は十分な成長が前提であること、教育相談コーディネーターには、成長支援と適応支援という視点から自校の包括的プログラムを開発・運営していくことが期待されているということをお話ししました。第４章では、その包括的プログラムを考えていく際に必要な視点や基本的な理論を押さえたいと思います。

第4章

学校教育相談を支える理論

成長支援と欲求の関係

　前章で、「適応支援は重要だが、その前提として、十分な成長が保障されている必要がある」ことをお話ししました。では、どうすれば成長支援ができるのでしょうか。

　基本は、欲求を充足させることです。こう言うと「甘やかしではないか」と考える方がいらっしゃるでしょうが、そんなことはありません。赤ちゃんを考えてみてください。体の成長に必要な十分な栄養と、心の成長に必要な十分な愛情を与えられることで成長が可能になります。その結果、赤ちゃんは赤ちゃんなりのやり方で、私たちに笑顔を返してくれるのです。

　このことは、おそらく他のすべての発達にも当てはまります。十分に愛されることで愛することができるようになり、十分に承認されることで承認できるようになるのです。

　中学校や高等学校になると、どうしても学業的発達やキャリア的発達が重視されるようになります。この２つを発達させることは、当然重要です。ただ、マズローの欲求階層説によれば、下位の欲求が充足されなければ上位の欲求には向かわないことが指摘されています（図２参照）。

　学習に意欲がわかない子どもの場合、それが、学業自体に対する効力感の不足によるものなのか、それとも愛と所属の欲求や承認欲求の充足不足によるものなのかを、しっかりと見極める必要があります。

　それぞれの欲求の充足が十分か、自校の子どもたちのニーズはどの程度なのかを見極めながら、具体的な活動やかかわり方、学校のプログラムを考えます。

図2　欲求と発達の関係

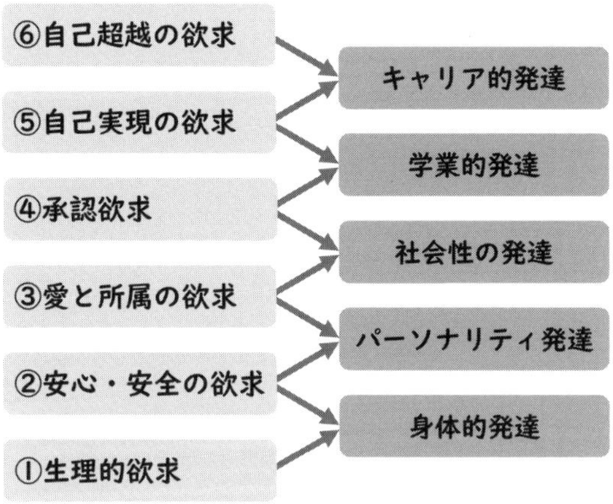

⑥自己超越の欲求
⑤自己実現の欲求
④承認欲求
③愛と所属の欲求
②安心・安全の欲求
①生理的欲求

キャリア的発達
学業的発達
社会性の発達
パーソナリティ発達
身体的発達

・人間の成長発達には、欲求充足が重要。

・①〜④は欠乏欲求。これら下位の欲求が充足されないと、その欲求の充足に固執し、上位の欲求には向かわない。

・学業的発達やキャリア的発達を促進するには、①〜④の欲求を充足する仕組みを学校教育のなかに創造することが重要。

2　成長支援の仕組みをつくる：ソーシャルボンド理論

　次に、適応支援の基本になる理論についてお話しします。適応支援を考える際、非常に大きなヒントを与えてくれるのが、ハーシ（T. Hirschi、1995）のソーシャルボンド理論です。

　通常、私たちは、「不登校になったり、非行に走ったりして、社会集団からドロップアウトするのはなぜか」という問いを立てます。この問いに、臨床心理学はさまざまな回答を提供します。しかし、このソーシャルボンド理論は、問いそのものをひっくり返します。学校に当てはめれば、「学校は楽しいばかりではないし、イヤなこともある。それでも学校という社会集団からドロップアウトしないのはなぜなのか」という問いにしてみるということです。

　ハーシは、最終的に人を社会集団に結びつけているのは、「愛着」（アタッチメント）、「投資」（コミットメント）、「巻き込み」

（インボルブメント）、「信念」（ビリーフ）の４つであるとし、これらをまとめてソーシャルボンドと名付けました。

　これを学校に当てはめて考えると、「愛着」（アタッチメント）とは、先生や友達との情緒的な絆です。これが強ければ学校につながることになります。また、学校に行くことは、ある意味、未来に向けての「投資」（コミットメント）でもあります。さらに、部活動や学級活動のなかで役割があったりすると「巻き込み」（インボルブメント）が生じ、学校とのつながりは強くなります。加えて、読者の先生のなかにも、もし「なぜ学校に行くのか」と子ども時代に問われていたら、「学校は行くものだから」と答えただろうという方も多いのではないでしょうか。これを「信念」（ビリーフ）といいます。

　例えば、不登校予防を "ソーシャルボンドをつくる" という観点からとらえ直すと、何をしていけばよいかがわかります。「子どもと子ども、子どもと先生との愛着関係を強化するような情緒的交流を増やす」「学校に行くと自分が成長したと感じられるような授業や学校行事の在り方を検討する」「そうした活動に子どもたちが喜んで参加できる状況をつくる」「保護者や地域を巻き込んで、『学校は成長するために不可欠な場』という共通認識をつくる」といったことです。

3　現代の学校と取組の方向性：ソーシャルボンドの視点から

　ただ、「義務教育の段階における普通教育に相当する教育の機会の確保等に関する法律」（通称「教育機会確保法」）が2016年12月に公布されてから、子どもが通う場としてフリースクール等が認められるようになり、"学校だけが唯一の行くべきところ"

ではなくなりました。この法律の制定はいろいろな影響を与えていると思いますが、その１つとして、いったん不登校状態になった子どもは、学校に戻る以外にもフリースクール等に行くという選択肢が増えたわけですから、今後、不登校は増えることになるでしょう。学校に戻るという選択を子どもや保護者がするためには、子どもと子ども、子どもと先生との愛着関係があり、子どもが「学校に戻りたい」と思っていること、その上で、保護者が「学校に戻したい」という信頼感を学校に抱いていることが前提になります。

　「投資」「巻き込み」「信念」というソーシャルボンドは、子どもを学校につなぎ止める絆としては機能しにくくなったといえます。例えば、広域通信制高校、サポート校、フリースクール等が実績を積みつつある今日、"学校が唯一の投資先"という論理は成り立たなくなっています。学校のさまざまな活動に魅力を感じない子どもたちは、そうした活動への参加を、負担や迷惑としか感じないでしょう。「学校は来るべきところだから」という「信念」に訴えることは、むしろ反感を生むでしょう。

　このように考えると、残された子どもを学校につなぎ止める「絆」は、「愛着」が基本となることがわかります。言い換えれば、子どもと子ども、子どもと先生との愛着関係がなければ、他の３つの絆は役に立たないということです。

　このことは、学校の在り方が本質的に問い直される時期が来ていることを意味しているといっていいのかもしれません。子どもと子ども、子どもと先生との愛着関係が豊かであればこそ、それを土台として、学校でのさまざまな活動への「巻き込み」も可能でしょうし、子どもや保護者が学校を「投資」先として選択することにも、自分は学校を選択するという「信念」にもつながるのだと思います。

これからの学校教育相談をマネジメントする立場である教育相談コーディネーターは、自分の役割の中心は、この「愛着」を土台にした「4つの絆」を生み、育てる活動を展開していくことにあると考えることが重要だと思います。それは特効薬ではないかもしれませんが、結果として豊かな学校を生み、不登校やいじめのない学校をつくることにつながるのです。「不登校を生まない」だけではなく、「選択される学校」をつくり出すということが、不登校対策の本質なのです。

4　愛着形成はすべてのベース：愛着理論

　愛着という概念は、イギリスの医師であり、心理学者でもあったJ・ボウルビィが提唱した概念で、人と人とを結ぶ情緒的な絆のことです。ボウルビィは、この愛着関係は人生の早期に特定の養育者との間に形成され、それがその後のパーソナリティ発達や社会性の発達の土台になると考えました。言い換えれば、愛着形成がうまくいかなければパーソナリティは不安定になり、社会性も育ちにくいので人間関係は難しくなります。学校生活でも困難を抱えやすく、その後の社会生活や仕事も難しく、人生全体もなかなかうまくいかない、ということになります。

　マズローの欲求階層説に当てはめれば、愛着形成支援は愛と所属の欲求を充足するための支援ということになりますが、ここが充足されなければ上位の欲求である承認欲求、自己実現の欲求、自己超越の欲求へと進まず、いつまでも「愛されたい」「注目されたい」という段階から前に進みません。また、愛着形成のつまずきは、発達の5領域である、身体的・パーソナリティ・社会性・学業的・キャリア的発達のすべてに負の影響を与

えることになります。

　このように、愛着理論は、乳幼児期における他者との人間関係の重要性を教えてくれますが、一方で、虐待をはじめとするさまざまな要因によって、人生早期に情緒的絆を十分に築けなかった場合、「子どもの人生は修復できないのか」という疑問が残ります。また、愛着障害とまでいかなくとも、愛着に一定の傷つきや課題のある子どもは相当数います。さらに、発達障害傾向のある子どもの場合、情緒的な関係を築くのが難しいことも多く、結果として、発達障害だけではなく、愛着の課題も同時に抱えてしまっているケースも少なくありません。こうした子どもの愛着の修復や再形成は可能なのでしょうか。

　答えは、愛着の修復や再形成は、「難しいけれども、可能」です。実際、虐待的な環境にあった子どもが、周囲の大人の努力によって心を開いていくことは、私自身も知っていますし、カウンセリングをはじめとするさまざまな取組は、ある意味、愛着の修復や再形成を目的にしている部分も大きいといってよいでしょう。愛着形成支援は、ソーシャルボンドを形成し不登校や非行を予防するだけではなく、豊かな学校を生むだけでもなく、すべての子どもたちの豊かな育ちを保障する上で、どうしても押さえておかなくてはいけない視点であるといえます。

　では、学校教育のなかで、この愛着の形成支援をどのように実行していくのかということですが、私は、「豊かな情緒的かかわりをシャワーのように」と言い続けています。

　愛着に課題のある子どもは、「自分は他者に受け入れられる価値のない存在」と自分をとらえたり、「他者は自分が困っても助けてくれることはない」と考えたりします。これを内的作業モデルといいますが、この逆、つまり、「自分はみんなに受け入れてもらえる存在」であり、「友達や先生は、自分が困った

らいつでも助けてくれる存在」と感じられる体験を“日々、シャワーのように”体験させるのです。そのことによって、自分と他者に対する否定的な内的作業モデルを書き換え、愛着を修復していくのです。私は、マルチレベルアプローチ（ＭＬＡ）という教育実践モデルを提唱していますが、そのなかでは特に、協同学習とピア・サポートプログラムを通じて、こうした体験を子どもたちに提供したいと考えています。

　ところで、他者に対する愛着の持ち方には「安定型」以外に、“他者に援助を期待できない”と考える「回避型」と、“他者に対して信頼と不信の両価的な感情を持ち、時に怒りを表出して相手を試すような行動”をとる傾向のある「アンビバレント型」があります。私は、不登校や引きこもりの背景には「回避型」の愛着スタイルが、非行の背景には「アンビバレント型」の愛着スタイルが潜んでいるのではないかと考えています。

　不登校傾向の子どもを遅刻や欠席やアンケート等からピックアップし、早めに面接につなぐことも重要な適応支援です。ただ、「不登校は誰にでも起こりうる」ということであれば、すべての子どもが不登校にならない可能性を高めることが本当の予防ということになります。そう考えると、「豊かな情緒的かかわりをシャワーのように」提供する教育実践が、不登校や非行等の問題行動を予防することになるのではないかと思うのです。

5　結果が行動を決める：行動理論

　学校で起こるさまざまな出来事を理解する際に、ぜひとも使いこなしてほしい理論があります。それが「行動理論」です。最近は、発達障害のある子どもに対する指導をわかりやすく説

明ができ、しかも有効性が高い理論として「応用行動分析」という技法が用いられるようになってきていますが、そのベースにあるのは、この行動理論です。

　通常、教師は、子どもが望ましい行動をしたり、いい成績を収めたりすれば、ほめたり、賞やごほうびをあげたりします。これを心理学では強化刺激といいます。この強化刺激を行動の後ろにくっつけることで、「○○という行動はよいことで、やったらほめられるんだ」ということを学び、その行動を繰り返すようになります。逆に望ましくない行動をした場合には、叱ったり、時には罰を与えたりします。これを嫌悪刺激といいます。望ましくない行動には嫌悪刺激を随伴させることで、「××という行動は悪いことで、やったらイヤなことが起こるんだ」ということを学び、その行動にブレーキをかけるようにします。

　物理学であれば、何らかの状況が原因となって行動が起こるわけですが、人間の場合には、必ずしも行動に先行する状況が原因になるわけではありません。「イヤな結果が起こるだろうから、やらない」「いい結果が起こるだろうから、やる」ということです。つまり、行動が引き起こした結果が報酬となって次の行動を決定づけることのほうが多いわけです。発達障害のある子どもの場合、こうした観点からかかわり方を見直していくことは、非常に有効です。第10章で紹介するＰＢＩＳ（Positive Behavioral Interventions and Supports：ポジティブな行動介入と支援）という考え方は、行動理論や応用行動分析に基づいています。

6 簡単に説明できないケースを読み解く

　しかし、子どもたちの抱えている問題は複雑です。問題は、

「何度言ってもわからない子ども」「叱っても叱ってもちゃんとやらない子ども」がいるということです。嫌悪刺激を随伴させているはずなのに、行動が変わりません。そういう場合、「もっと強く叱る」、それでもだめなら「もっともっと強く叱る」…。そういうやり方が有効なのでしょうか。

　それは大きな間違いです。強く叱っても行動が変わらないという現象には、いくつかの仮説が成り立ちます。

　まず、「強く叱る」ことが嫌悪刺激になっていないケースです。例えば、ほとんど無意識のうちに、注目を獲得するために問題行動を繰り返す子どもがいます。先生に叱られるということは、先生の注目を一身に浴びることになるのです。こうしたケースでは、叱られることで注目を獲得できる、つまり叱られることは嫌悪刺激ではなく、強化刺激になってしまっているのです。非行行動の多くはそうした行動かもしれません。こうした子どもの場合は、叱れば叱るほど問題行動は維持強化されることになります。

　2つ目のケースは、「強く叱る」ことは嫌悪刺激になっているのだけれども、「求められている行動が実行できない」ケースです。例えば、人の目が気になって不登校気味になっている子どもに「大丈夫だよ」と言っても、それで登校できるようになるわけではありません。自閉傾向のある子どもに「周りに配慮しなさい」と言えば、それでできるようになるわけではありません。注意欠如多動性障害（ＡＤＨＤ）のある子どもに「落ち着きなさい」と言っても、それで落ち着けるようになるわけがありません。いずれの場合も、行動は変容せず、本人はできないことがわかっているだけに自尊感情は傷つくでしょう。求める行動をスモールステップ化するなどの工夫が必要になります。

　3つ目のケースは、そもそも言われている意味がわからない

ケースです。そうした子どもを叱っても、わかっていないわけですから、行動は変容しません。図で説明されればわかるけれども、言葉で説明されてもわからない子どもなどは、実際にはたくさんいるはずです。その子どもが理解できるように伝えることが必要です。

　こうした3つのケースは、私が学校訪問などをするとよく見るケースで、崩壊気味の学級では特に多いように思います。嫌悪刺激で行動を制御するという発想だけではなく、その子どもがよい行動を獲得するにはどんな強化刺激が必要なのか、その頻度や程度はどうするのか、どの程度のステップにするのか、どんな伝え方にするのかといったことを考えることが必要になります。

7　学級崩壊事例を理論で読み解く

　ある小学校の6年生での出来事です。その学年のある学級は前年度に学級崩壊を起こしていたため、"抑えがきく強面の先生"が配置され、「締める学級経営」をしていました。その学級にＡＤＨＤの診断を持つＡさんが転入してきました。最初の2週間はなんとか座っていたのですが、そのうち徐々に立ち歩きを始めました。それに対する担任の指導は厳しさを増し、声も大きくなっていきました。しかし、Ａさんの立ち歩きは止まらず、徐々に反抗し始めました。

　そんな日々が続くなか、おしゃべりをする子や、「先生、トイレ！」と言って1時間に複数回、教室を出て行く子どもが出始めました。こうして再び学級崩壊状態に近い状態になっていきました。担任は、「ここで緩めたら大変なことになる」と考えた

のか、教室に「○○しない！」「△△禁止！」「☆☆したら昼休みなし！」などの掲示をするようになりました。しかし、Aさんの行動はエスカレートしていく一方で、それに同調するようにでたらめを始める子どもが、学級の約３分の１に当たる10人ほど出てきました。担任はそうした子どもの対応に追われる状態でした。

　他の３分の２の子どもたちは、ボーっと過ごしているだけという状態でした。また、数人の子どもが不登校になりました。担任は、登校するようにと指導しましたが、中学生になるまで登校しませんでした。

　このケース、いったい何が問題なのでしょうか。行動理論を使って考えてみましょう。

　まず、担任の目はAさんと３分の１の子どもに注がれています。問題を起こしていない３分の２の子どもは、ある意味、「まじめにやっているものの、ほめられるわけでも注目されるわけでもない」のです。つまり、「まじめにやる」という行動に強化刺激が提供されていない状態になります。そうなると、「まじめにやる」という行動は消えていく（消去される）ことになります。

　次にAさんです。Aさんは、ＡＤＨＤの診断を持っています。Aさん自身は、２週間なんとか頑張れたということは、何が望ましい行動かは理解できていることを意味しますが、本人なりの頑張りを維持できたのは２週間だったということです。これは、Aさんにとっては、必死の努力をしない限り、多動性や衝動性を制御するのは難しいことをも意味します。

　担任は叱責によってその多動性や衝動性を制御しようとしましたが、むしろ逆効果でした。そもそもＡＤＨＤは多動性や衝

動性にかかわる障害ですから、「立ち歩かない」「ちゃんとやることができない」のは障害の「症状」です。それなのに、この担任の指導は、障害のある子どもに「障害を努力で克服しないのは、あなたが悪い」と言っているだけです。できなくても、実は「ちゃんとやりたい」と思っているＡさんに、具体的なサポートもないまま叱責を繰り返すことは、Ａさんの自尊感情を傷つけ、関係性を悪化させたと思われます。その結果、Ａさんの「ちゃんとやろう」という意欲も低下し、悪循環に陥っていると考えられます。

　Ａさんの場合は、多動性や衝動性を制御する力がまったくないわけではないのですから、例えば座っている時間を10分から15分にする方法を考えたり、配付係を任せるなどの工夫で立ち上がること自体を組み込んでしまう方法を考えたり、できたときにきちんとほめるなどの強化刺激を提供することで、よい行動を獲得できるように支援をすることが必要でしょう。

　3分の1の子どもたちのでたらめな行動には、いくつかの理由が考えられます。例えば、他の3分の2の子どもと同様に、担任の注目がＡさんに集中することで、ちゃんとやっていても何の強化刺激も与えられず、結果として、その行動が消去されてしまったと考えることもできます。あるいは、「あんなふうに行動すれば先生の注目を獲得できるのか」と無意識的に考え、Ａさんの行動をモデルとしている子どももいるでしょう。

8　エビデンスと理論をもとに実践を構築する

　このように、それぞれの行動がどうして起こっているのかを、起こっている事実に着目し、結果から行動の原因を分析し、

次の一手を考える一助にするのが応用行動分析です。

　ここでは行動理論や欲求理論を使って事例を検討してみましたが、他の理論を使って考えると、事例の別の側面が見えてきたりします。重要なことは、起こっている事実に着目し、時には数値化し、理論的に考えて行動することです。

＊

　ここまで、欲求理論、ソーシャルボンド理論、愛着理論、行動理論について、お話をしてきました。これら以外にも、学校教育相談を考える上で役に立つ理論はいろいろあります。

　先生方のなかにもいろいろな理論や技法を勉強されてこられた方も多くいらっしゃると思います。それらを活かしていく場面は、いくらでもあります。

　子ども理解のない学級は、結局、子どもを支えられません。教育相談コーディネーターの役割は、ＳＣやＳＳＷと協力しながら、子どもの行動を理解する学校全体の力量を向上させ、教育全体が子ども理解に立脚したものになるようにコーディネートしていくことです。

　学校では、「経験に基づく推察と解釈」が優先されることが多いです。もちろん、経験はきわめて重要な要素ですが、その経験が生きるのは、「事実と数値（エビデンス）の積み上げと理論的分析」という土台があるからこそなのです。そのためにも、教育相談コーディネーターには、子どもの実態や取組の成果などをデータ化し、エビデンスベースで理論志向の取組を促進するという視点が求められます。

第5章

学校教育相談の構造

学校教育相談は、どのような内容を含み、どのような構造を
しているのでしょうか。全体像を把握していないと、なかなか
自分の実践に自信を持つことができません。そこで本章では、
学校教育相談をいろいろな角度から見ることで、その全体像を
理解することに取り組みたいと思います。

1 支援領域からみた教育相談の構造

　まず、学校教育相談がカバーする支援領域は、第4章でみた、
身体・パーソナリティ・社会性・学業・キャリアという発達の
5領域のすべてです。

　パーソナリティや社会性を発達させること、すなわち「安定
したパーソナリティを築くこと」や「人とよいコミュニケーシ
ョンを持つことができ、社会的に求められることもきちんとで
きるようにすること」が学校教育相談の役割だということは多
くの先生方にとって納得しやすいことだと思います。その一方
で、「なぜ、身体的・学業的・キャリア的発達が学校教育相談の
対象なのか」と疑問を持たれる方も多いかと思います。その点
について解説します。

　まずキャリア的発達ですが、2002年に、国立教育政策研究所
生徒指導研究センターが「4領域8能力」という枠組みを提示
しました。これをさらに整理する形で、2011年の中央教育審議
会では、キャリア教育を「一人一人の社会的・職業的自立に向
け、必要な基盤となる能力や態度を育てることを通して、キャ
リア発達を促す教育」と定義し、そのなかで育成するべき能力
の1つとして「基礎的・汎用的能力」という概念を提示しまし
た。その具体的内容は、「人間関係形成・社会形成能力」「自己

理解・自己管理能力」「課題対応能力」「キャリアプランニング能力」の４つの能力です。

　この内容を見ればわかるようにキャリア教育は、教育相談との関連が非常に深く、進路相談に教育相談のノウハウは必須になります。特に中学校や高等学校では、進路部との連携による開発的教育相談が必須と考えてよいでしょう。

　次に、学業的発達ですが、これは「勉強を教え、学力をつける」ということではありません。例えば学習障害（ＬＤ）のある子どもは、聞く・話す・読む・書く・計算する・推論するといった学習にかかわる課題を抱えています。教育相談は、そうした子どものアセスメントを行い、その子が自分に合った学習スタイルを獲得するための支援に役に立ちます。また、「授業態度が悪い」とか「学習意欲が低い」といった問題に対しても、教育相談が役に立ちます。また、中央教育審議会答申 (2016) を受けた「学習指導要領」(2018) では、「主体的・対話的で深い学び」が強調されていますが、主体性を育むことや、より対話的な授業をつくることなどにも、教育相談は一定の役割を果たすことができます。

　最後に身体的発達ですが、心の状態が身体症状にあらわれることは、みなさんもご存じのことと思います。不登校の子どもや何らかの問題を抱えた子どもは、心理的問題を身体的不調として訴えることが多くあります。被虐待的な環境で育った子どもは身体的な発達に課題を抱えたりします。ですから、心を支えながら身体を支えるという観点が必要なのです。そのためにも保健室との連携はきわめて重要になります。

　学校教育相談の中心的支援領域は、愛着形成やレジリエンス形成を通じて安定したパーソナリティを育てること、また、他者との良好な関係を保ちながら社会的自立に向けて生きてく社

会性を育てることといってよいでしょう。ただし、学校教育相談の支援領域の全体は、それらだけではなく、身体的発達、学業的発達、キャリア的発達の領域にも及ぶのです。

　もちろん、これらすべてを教育相談コーディネーターが行うということではありません。すべての領域の発達支援が可能になるように、まさにコーディネーターとして、スクールカウンセラー（ＳＣ）やスクールソーシャルワーカー（ＳＳＷ）のみならず、他の分掌の先生方と協力していくことになります。

2　活動による教育相談の構造

　日本の学校教育相談は、長く、開発的教育相談、予防的教育相談、治療的（問題解決的）教育相談という枠組みを使用してきました。これは、活動の在り方を、子どもの状態やニーズという観点から考えていることを意味します。

　開発的教育相談は、すべての子どもを対象に、その資質や能力を伸ばす（開発する）活動です。そのなかには、「在り方・生き方」にかかわる活動も含まれます。すべての子どもが対象となるので、展開するのは主に集団的な場面で、特別活動や授業などのなかで行われることが多くなります。具体的な手法としては、ピア・サポートや構成的グループエンカウンター、ソーシャルスキルトレーニングなどが使われてきました。最近では、ＳＥＬ（Social and Emotional Learning：社会性と情動の学習）などが世界各地で行われています。また、「学習指導要領」では、「主体的・対話的で深い学び」の重要性が強調されています。それを実質的に保障するには、傾聴やアサーションなどの能力が必要ですし、そもそも人間関係が構築されていないと対話的に

なりませんから、ここにも教育相談の出番があります。

　予防的教育相談は、登校しぶりの傾向があったり、友人関係のトラブルがあったり、学習上のつまずきがあったりする一部の子どもが対象になります。そうした子どもについては、事態が深刻化しないように、そのリスクの程度を事前に把握する必要があります。そのためには、日頃の観察が重要になりますし、何らかの尺度などで、子どもの困り感や学校適応感等を測定することも重要です。いじめの早期発見・早期対応などもこの領域です。いじめの加害傾向にある子どもも、被害傾向にある子どもも、早めにサインを読み取り、より丁寧な信頼関係づくりと、より丁寧な支援を行っていくことが必要になります。そうした取組を行うことで、深刻な問題に発展することを予防するわけです。また、近年では、さまざまな自然災害等の影響に対するストレスマネジメントなどの有効性についても、一定の理解が得られるようになってきました。これなども、プログラムによる予防的教育相談に位置づけられるといえるでしょう。

　開発的教育相談と予防的教育相談を１つにまとめて、積極的教育相談と呼ぶ場合もあります。実際、何らかの領域でリスクの高い子どもは数十パーセントに及ぶでしょうし、予防的な意図ですべての子どもを対象に学級全体にかかわることもあります。このようなことから、両者に明確な線引きをするのは難しいですし、開発的な活動は同時に高い予防効果を持つという言い方もできます。また、第３章で解説した「成長支援と適応支援」という考え方からすれば、開発的教育相談は、その意図において、まさに成長支援的です。これに対して予防的教育相談は、意図においては適応支援ということになります。

　ただ、例えば、いじめ防止プログラムを学級で実施するような場合は、意図においては予防的ですが、実際の効果としては

適応支援と成長支援の両側面を持つ活動です。ピア・サポートプログラムは、ピア・サポーターの子どもにとっては開発的であり、サポートを受ける側の子どもにとっては予防的といえるかもしれません。

このように開発的教育相談と予防的教育相談は重なり合う部分が非常に大きいため、両者を切り分けるというよりは、「これは意図においては開発的だけれど、効果としては両方あるな」とか「対象によって効果の出方が違うな」などと考えながら、学校の教育活動に位置づけていくとよいでしょう。

最後に、問題解決的教育相談です。以前は治療的教育相談と呼ばれていましたが、学校で治療をするわけではないので、問題解決的教育相談と呼ばれることが多くなりました。対処的教育相談、即応的教育相談などと呼ばれることもあります。対象は、不登校や、いじめの当事者、学業的不適応などの適応上の課題や心理的な課題を抱える子どもになります。意図においては適応支援といってよいでしょう。アセスメントとカウンセリングをベースとした個別支援として行われることが多いようですが、実際にはいろいろな方法が考えられます。この個別の支援を学校や関係機関と連携しながら行うのがチーム支援です。

3

学校心理学と学校教育相談

開発的・予防的・問題解決的教育相談という分け方と非常に類似しているのが、アメリカの学校心理学をベースにした「援助サービス」という考え方です（石隈、1999）。基本的に援助ニーズの大きさで子どもたちを3層化し、その各層に必要な援助サービスを届けようとします。一次的援助サービスは開発的教

育相談、二次的援助サービスは予防的教育相談、三次的援助サービスは問題解決的教育相談に、ほぼ相当します。

このように見ると、学校教育相談の３段階とほとんど同じなのですが、違いもあります。長く両方にかかわってきて私が感じるのは、日本の学校教育相談は、アメリカではなく日本で、心理学だけではなく教育という視点から、カウンセラーというよりは現場の教員が、自らの教育実践のためにつくりあげてきた日本独自の体系です。一方、学校心理学は、日本ではなくアメリカで、教育というよりは心理学の視点から、教師というよりはＳＣを念頭に置きながら、アメリカで構築された体系です。そのため、強調点には若干の違いがあります。

日本では、学校教育相談が新しい実践の形を模索していた1990年代に、この学校心理学が本格的に紹介されました。前述のとおり、基本的な考え方はかなり類似していますが、違いもあるからこそ、学校教育相談にとっては刺激的であり、学ぶところも多く、学校教育相談は大きな影響を受けました。

どちらが優れているというより、別々の背景で生まれた２つのものが、ここまで近い形になっていることが、これら２つの枠組みはおおむね間違っていないことを示していると私は考えますし、学校教育相談は、学校心理学から学びながら、教師の実践学として発展していけばよいと考えています。

4 目的ベースによる構造

教育相談も学校心理学も、「教育相談活動」あるいは「援助サービス」を３つに分ける多層モデルです。このように分けることで、何をすればいいのかをかなり考えやすくなります。しか

し、３つの各層に対して何をすればいいのかは、実際には、そ
れぞれの実践家に委ねられています。それは、どのような活動
を選択すればいいのかは、ある種のブラックボックスのままで
あることを意味します。私が高等学校の教員として教育相談に
携わっていたときは全体像がなかなかつかめず、ブラックボッ
クスの中身を自分で考えるにも実力が足りず、どこか手探りで
自信のない実践になっていたように思います。

　そんなこともあって、大学の教員になってから私は、マルチ
レベルアプローチ（Multi-level Approach：ＭＬＡ）というアプローチ
チを、研究仲間や実践仲間とともに開発してきました（栗原、
2017）。これは、世界から学んだ多層モデルをベースに、日本の
教育の実態を踏まえて、教師の目線から、より実践しやすい形
に組み替えを行ったものです。教育相談の目的を、「自分ででき
る力を育てる」（個人的成長支援）、「互いに支え合い、高め合う
力を育てる」（関係構築支援）、「教師・専門家・保護者等で支え
きる」（適応支援）という３つにまとめ、この観点から教育相談
の実践を「個人的成長支援」「関係構築支援」「適応支援」とし
て分類し、構造化しました。それぞれ、一次的生徒指導、二次
的生徒指導、三次的生徒指導と呼ぶ場合もあります。

　具体的に説明します。「個人的成長支援」とは、「自分で生き
る力を育てる」ことを主な目的とした活動で、例えば、愛着の
形成やレジリエンスの形成をベースに、問題解決力や価値的行
動を選択する力などの育成を念頭に置いた活動です。「関係構
築支援」とは、「互いに支え合い、高め合う力を育てる」ことを
目的とした活動で、ＳＯＳを出せる力、他者のＳＯＳをキャッ
チできる力、協同で問題を解決する力などを育成することを念
頭に置いた活動です。ピア・サポートや協同学習などはここに
位置づきます。最後の「適応支援」は、苦境にある子どもを「教

師・専門家・保護者等で支えきる」ことを目的とした活動で、関係する大人がまさにチームとなって行う活動です。

　3段階に分けていますので、一見、ニーズに基づく分類と同じように感じるかもしれませんが、学校教育相談の開発的・予防的・問題解決的教育相談や、学校心理学の一次的・二次的・三次的援助サービスの場合は、対象となる子どもの割合は、開発や一次が7割前後、予防や二次が3割前後、問題解決や三次が数％と想定しています。しかし、ＭＬＡの場合は、個人的成長支援の対象は全員、関係構築支援の対象も全員、適応支援は、キャリア・学業・社会・パーソナリティ・身体の5つの発達領域で、それぞれ数％から数十％はいると思われます。それらをすべて合算すると、結構な割合になると考えています。ＭＬＡのプログラムについては、第10章で紹介します。

5 実践内容とその機能による構造化

　大野は1997年の論文（大野、1997c）のなかで、学校教育相談の実践の枠組みを次ページの図3のように示しています。これは、大野が高校教諭として教育相談業務を担当していた当時のご自身の実践を省察し、学校心理学からの示唆も得ながらまとめたものと思われますが、私自身が学校での実践のやり方を模索していたときでもあり、これを参考にしながら実践をしていました。

　なお大野は、こうした教育相談実践の機能に着目し、「かかわる」「しのぐ」「つなげる」「たがやす」ことが学校教育相談の機能であるとしています。

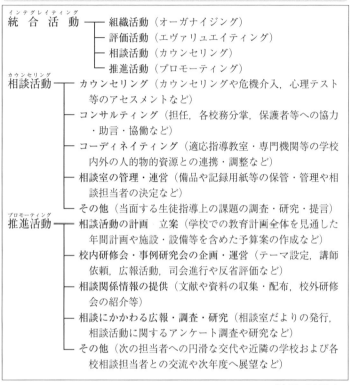

図3　大野精一の描いた学校教育相談の全体的な枠組み

統　合　活　動（インテグレイティング）── 組織活動（オーガナイジング）
　　　　　　　── 評価活動（エヴァリュエイティング）
　　　　　　　── 相談活動（カウンセリング）
　　　　　　　── 推進活動（プロモーティング）

相談活動（カウンセリング）── カウンセリング（カウンセリングや危機介入，心理テスト
　　　　　　　　　　　　　　　等のアセスメントなど）
　　　　　　── コンサルティング（担任，各校務分掌，保護者等への協力
　　　　　　　　　・助言・協働など）
　　　　　　── コーディネイティング（適応指導教室・専門機関等の学校
　　　　　　　　　内外の人的物的資源との連携・調整など）
　　　　　　── 相談室の管理・運営（備品や記録用紙等の保管・管理や相
　　　　　　　　　談担当者の決定など）
　　　　　　── その他（当面する生徒指導上の課題の調査・研究・提言）

推進活動（プロモーティング）── 相談活動の計画　立案（学校での教育計画全体を見通した
　　　　　　　　　　　　　　　年間計画や施設・設備等を含めた予算案の作成など）
　　　　　　── 校内研修会・事例研究会の企画・運営（テーマ設定，講師
　　　　　　　　　依頼，広報活動，司会進行や反省評価など）
　　　　　　── 相談関係情報の提供（文献や資料の収集・配布，校外研修
　　　　　　　　　会の紹介等）
　　　　　　── 相談にかかわる広報・調査・研究（相談室だよりの発行，
　　　　　　　　　相談活動に関するアンケート調査や研究など）
　　　　　　── その他（次の担当者への円滑な交代や近隣の学校および各
　　　　　　　　　校相談担当者との交流や次年度へ展望など）

（大野、1997c）

6

一般的な枠組み

　次に、大野の枠組みも参考にしながら、一般的に合意を得ら
れていると思われる教育相談の枠組みについて紹介します。

　教育相談の実践内容については、アセスメント、カウンセリ
ング、コンサルテーション、コーディネーションの4つが基本
と考えられています。私はこれに、ガイダンスを加えて5つに

したほうがいいと思っています。以下、その概要を紹介します。

1）アセスメント

　アセスメントとは、医学でいえば診断に当たるものですが、教育界の用語では、児童生徒理解が近い言葉です。ただ、対象は子どもだけではないので、実態把握や見立てということもできます。

　アセスメントの対象はいろいろです。一人一人の子どもについていえば、キャリア・学業・社会・パーソナリティ・身体の発達の5領域すべてが対象になるでしょう。そればかりでなく、子どもを取り巻く環境についての把握も重要になります。学級集団の状態や風土、いじめの実態、保護者の意識、地域の実態、教職員の意識やメンタルヘルスなど、多岐にわたります。子どもの資質や能力、特技、関心などの支援につながるプラス面の把握も重要です。

　また、かかわる前のアセスメントも重要ですが、そのアセスメントに基づく支援や教育が有効に機能しているかどうかをチェックすることも重要です。つまり、アセスメントと実践活動は循環構造と考える必要があるということです（次ページの図4）。アセスメントに基づき、仮説を立て実践を行う。その実践についてのデータをとって分析し、再度仮説を立て、実践を修正するということです。

　このときに重要なのが、質の高いデータを集めることです。データには、面接やインタビュー、自由記述などの数字以外のデータ（質的データ）と、5段階評定などによって得られる数量的なデータ（量的データ）があります。一人一人の思いや状態を丁寧に見るためには質的データは欠かせませんが、量的データは全体的な傾向を知る上ではきわめて有効です。どちらか

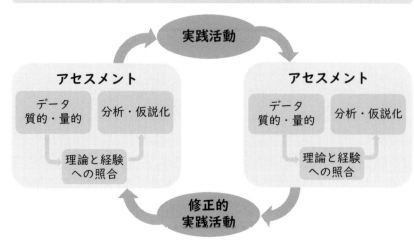

図4　アセスメントと実践の循環

実践活動

アセスメント
データ
質的・量的 分析・仮説化
理論と経験
への照合

アセスメント
データ
質的・量的 分析・仮説化
理論と経験
への照合

修正的
実践活動

だけではなく、両方の質の高いデータを集めることが重要です。

　そして、そのデータを分析する際に、経験だけではなく、知識と理論を十分に活用することです。心理や福祉についての知識と理論は、残念ながら教師には十分ではありませんが、研修によって可能なかぎり関連の知識や理論を身につけておく必要があります。また、特別支援教育関係の勉強をしている先生や養護教諭、ＳＣやＳＳＷは、その領域の専門性を持ち合わせているので、そうしたスタッフが集まってアセスメント会議を開催し、しっかりと検討することも重要です。会議をただの井戸端会議にしないためには、この知識と理論は欠かせません。

　アセスメントについて、教育相談コーディネーターに求められることは、まず、「アセスメントをする」という文化を学校に根付かせることだと思います。かつては「数字で子どもの何がわかる！」などと言う先生方も結構いらっしゃいました。そういう先生と戦う必要はないと思いますが、「数字でこういうことがわかります」と示していくことが重要でしょう。そうやっ

て学校風土を耕していくのです。

　データやデータに基づく理論的分析を土台として行われる実践を「エビデンスに基づく実践」（Evidence Based Practice：ＥＢＰ）といい、今後の教育の方向性になっていくと思われます。教育相談にかかわる実践をＥＢＰに変えていくことも、教育相談コーディネーターに期待されていることだと考えます。

２）カウンセリング

　カウンセリングというと、「心理的な課題を抱えた人に」「心の専門家が」「個別に」「専門的な技法」を使って、「変容を支援する過程」という印象を持つ方が多いのではないでしょうか。たしかにそうしたカウンセリングを必要とする子どもや保護者は一定数存在しています。しかし、そのようなカウンセリングだけが学校教育相談におけるカウンセリングではありません。

　まず、「心理的な課題を抱えた人」だけが対象ではありません。キャリアカウンセリングなどは、全員が対象の開発的活動です。部活や勉強の仕方、友達づきあいなど、日常的なちょっとした困りごとについて、「先生、どうしたらいいかな？」とアドバイスを求めてくる子どももいるでしょう。これは予防的教育相談になります。そうした相談に対応するのが学校教育相談におけるカウンセリングです。カウンセリングは、適応支援としてだけではなく、成長支援の技法としても重要なのです。さまざまな悩みが心理的な問題にまで深刻化している子どももいるでしょうが、そうした子どもへの狭義のカウンセリングは、学校教育相談におけるカウンセリング活動のごく一部です。

　また、カウンセリングの実践主体は「心の専門家」だけではなく、教師も重要な役割を果たします。ＳＣが配置されるようになり、「心のケアは専門家に」と考える先生もいるかもしれま

せんが、とんでもありません。最前線で子どもと接しているの
は教師なのです。ちょっとした適応支援や、成長支援としての
カウンセリングを行うのは、教師しかいないのです。

　さらに、「個別に」も間違いです。グループでもいいわけで
す。かつて私はグループカウンセリングの研究に取り組んだ時
期がありますが、個人面接より効果が高いと感じる場面が多々
ありました（川俣・栗原、2003、2007）。また私は、交流分析のカ
ウンセリングを再決断派の創始者であるグールディング夫妻か
ら学んだのですが、そのワークショップでは、いわゆる適応上
のかなり困難な課題を抱えた来談者に対して、グループの力を
使って劇的なカウンセリングをする場面を何度も目の当たりに
しました。学級経営自体がグループカウンセリングという側面
を持っていることにも気がつきました。

　「専門的な技法」というのも間違いです。医学にたとえれば、
手術をするならそうした技法も必要ですが、擦り傷や切り傷な
らば、消毒薬と絆創膏があれば十分です。教師の行うカウンセ
リングは、必ずしもＳＣが使用するような専門性の高い技法で
ある必要はありません。

　カウンセリングは、「変容を支援する過程」です。その方法は
いろいろです。支援については、学問的にはいろいろな分類が
されていますが、代表的なものとしては「情報的」「道具的」「情
緒的」「評価的」という４種類のサポートが知られています。専
門家が行うカウンセリングは、この分類でいえば情緒的サポー
トが中心ですが、教師の行うカウンセリングでは、「それでいい
よ」という評価的サポートや、進路情報を提供するような情報
的サポート、「手伝うよ」というような道具的サポートなどを取
り混ぜながら支援をしていくことになります。「それがカウン
セリングなのか」という声も聞こえてきそうですが、私は「そ

れが学校カウンセリングなのです」と言いたいところです。

3）ガイダンス

　日本学校教育相談学会の英語表記はThe Japanese Associa-tion of School Counseling and Guidanceで、「ガイダンス」という言葉が入っています。アメリカの学校でもガイダンスとカウンセリングは一体のものとして扱われているのですが、日本ではカウンセリングとガイダンスプログラムが分けて考えられているように感じます。実は私は、このことが日本の学校教育相談の発展を妨げている元凶だというくらいに思っています。

　ガイダンス、およびガイダンスとカウンセリングとの関係については、「学習指導要領」には次のように書かれています。

　「小学校学習指導要領解説　特別活動編」の場合：

　「児童の発達を支えるためには、児童の発達の特性や教育活動の特性を踏まえて、あらかじめ適切な時期・場面において、主に集団の場面で、必要とされる同質的な指導・援助を、全員に行うガイダンスと、個々の児童が抱える課題に対して、その課題を受け止めながら、主に個別指導により、個々の児童の必要度に応じて行うカウンセリングを、それぞれ充実させていくという視点が必要である。ガイダンスとカウンセリングは、課題解決のための指導・援助の両輪である」（文部科学省、2017b）

　「中学校学習指導要領解説　特別活動編」の場合：

　「生徒の発達を支えるためには、生徒の発達の特性や教育活動の特性を踏まえて、あらかじめ適切な時期・場面において、主に集団の場面で、必要とされる同質的な指導を、全員に行うガイダンスと、個々の生徒が抱える課題に対して、その課題を受け止めながら、主に個別指導により、個々の生徒の必要度に応じて行うカウンセリングを、それぞれ充実させていくという

視点が必要である。ガイダンスとカウンセリングは、課題解決のための指導の両輪である」（文部科学省、2017c）

　読み比べるとほとんど同じなのですが、小学校では「指導・援助」となっているのに対して、中学校では「援助」が消えています。中学校では援助はいらないということではなく、小学校では援助の視点がより重要ということだろうと思われます。それよりもここで押さえたいことは、「指導がガイダンスで、援助がカウンセリングでは"ない"」ということです。「ガイダンスとカウンセリングは、指導における問題解決の両輪」であり、「援助においても、ガイダンスとカウンセリングは問題解決の両輪」であるということが重要です。

　ピア・サポートプログラム、ＳＥＬ、構成的グループエンカウンターは開発的手法としてきわめて有効ですし、ストレスマネジメントも予防教育として有効です。これらのプログラムは、「学習指導要領」に書かれているガイダンスプログラムです。さらに、これらのガイダンスプログラムは「生徒指導提要」のなかで「教育相談でも活用できる新たな手法」として紹介されているものでもあります。しかし、残念ながら、学校教育相談のいろいろな資料には、ガイダンスが位置づけられていないことも多々あります。

　「教育相談は個別の支援であり、心の専門家がやることで、教師の仕事は、ニーズのある子どもを早期に発見し、早期にＳＣやＳＳＷにつなげること」という考え方が支配的になると、教育相談コーディネーターは、カリキュラムのなかにガイダンスプログラムを位置づけることが非常に難しくなります。生徒指導にも集団指導と個別指導があっていいように、教育相談にも集団指導としてのガイダンスと個別指導としてのカウンセリングがあっていいと考えます。こうしたことから、本書では、ガ

イダンスを教育相談活動に位置づけておきたいと思います。

4）コンサルテーション

　コンサルテーションについてもいろいろな定義があります
が、シンプルにいえば、異なる専門性を持つ者から問題状況に
ついて指導や助言を受けることを指します。自らの専門性に基
づいて援助する側が「コンサルタント」で、援助を受ける側が
「コンサルティ」と呼ばれます。ちなみに、実力のある教師が、
困っている教師に、同じ専門性に基づいて行う指導や助言は、
スーパーバイズといいます。

　こうしたことを踏まえ、石隈 (1999) は会議型の相互コンサル
テーションを提唱しています。その定義は、「異なった専門性や
役割を持つ者同士が、それぞれの専門性や役割に基づき、特定
の援助対象の問題状況と援助の実情について検討し、今後の援
助の在り方について話し合うプロセス (作戦会議)」というもの
です。つまり、特定の子どもや状況について、会議のなかで教
師やSCやSSWが、「私の立場から見るとこんなふうに思い
ます」ということを相互に“対等の立場”でやりとりをすると
いうことです。対等ですので、教師がSCやSSWの意見を鵜
呑みにする必要はありません。SCが心の専門家、SSWが福
祉の専門家だとすれば、教師は教育の専門家です。きちんとや
りとりして、みんなが「それでいきましょう」という着地点を
見いだすことが会議の目的です。

　第2章で見た「児童生徒の教育相談の充実について（報告）」
(教育相談等に関する調査研究協力者会議、2017) に挙げられている教
育相談コーディネーターの8つの主要業務のなかに、「②気に
なる事例把握のための会議の開催」「⑦ケース会議の実施」など
と書かれていますが、それがコンサルテーションに当たります。

5）コーディネーション

　洋服でもコーディネートという言葉を使いますし、フードコーディネーターという仕事もあります。スポーツでは、さまざまな運動能力をバランスよく使いこなす能力をコーディネーション能力といったりします。学校でも、特別支援教育コーディネーターとか地域教育コーディネーターとか、いろいろなコーディネーターがいますので、イメージはつかめるかと思います。「コーディネーションとは、さまざまな活動が機能するように活動やシステムを調整すること」であり、コーディネーターとはその役にあたる人です。

　ここに、「活動やシステム」と書いたのには理由があります。例えば、不登校の子どもがいて、その子どもの支援のためにチームが構成されたとします。どんなメンバーを集めて、どんなふうに活動していくのかを調整することが必要になります。この場合は、「活動」の調整が中心になります。

　ただ、こうしたチームが速やかに結成されたり、効率的に運営されたりするためには、日頃から、こうした場面ではこうするといった流れが決められていて、そのための体制が整えられていることが必要です。石隈（1999）は、このあたりについて、①個別援助チーム、②恒常的に機能する教育相談委員会などのコーディネーション委員会、③学校全体の教育システムの運営に関するマネジメント委員会があるとしています。これらの3段階は、それぞれに人的資源がかかわるシステムということになります。

　こうしたシステムが動くには、動き方がはっきりしていないとうまくいきません。パソコンも、パーツがあるだけでは機能せず、「ソフト」が必要になります。3段階のシステムが、それぞれどんなときにどのように動くのかということをはっきりさ

せ、場合によっては内規にまとめたり、少なくとも申し合わせ事項として毎年確認したりすることが必要になります。

　教育相談コーディネーターには、こうしたシステムを整備し、かつそのシステムがなめらかに連動して動くように調整をすることが求められています。

7　教育相談の構造と教育相談コーディネーターの役割

　2002年に拙著『新しい学校教育相談の在り方と進め方』（栗原、2002）を出した際に、図3の大野の図を参考にさせていただいて作図をしました。今回、それを一部改変して新しい図をつくってみました。それが次ページの図5です。

　ここで、第2章で見た「児童生徒の教育相談の充実について（報告）」（教育相談等に関する調査研究協力者会議、2017）で挙げられた教育相談コーディネーターの8つの主要業務を確認してみましょう。

　①ＳＣ、ＳＳＷの周知と相談受け付け

　②気になる事例把握のための会議の開催

　③ＳＣ、ＳＳＷとの連絡調整

　④相談活動に関するスケジュール等の計画・立案

　⑤児童生徒や保護者、教職員のニーズの把握

　⑥個別記録等の情報管理

　⑦ケース会議の実施

　⑧校内研修の実施

　これらのうちの、「②気になる事例把握のための会議の開催」と「⑦ケース会議の実施」は、図5の「教師による教育相談のサポート」にも位置づけることもできるかもしれません。一方、

図5　活動内容から見た学校教育相談の構造

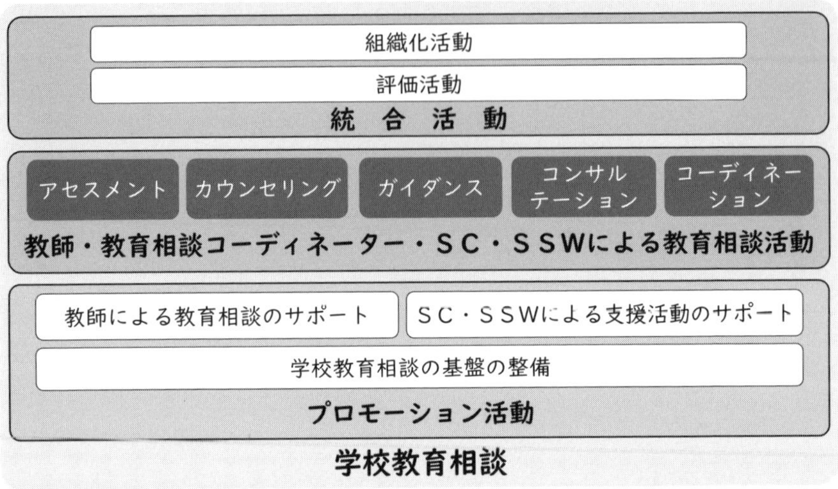

組織化活動
評価活動

統 合 活 動

アセスメント	カウンセリング	ガイダンス	コンサルテーション	コーディネーション

教師・教育相談コーディネーター・ＳＣ・ＳＳＷによる教育相談活動

教師による教育相談のサポート	ＳＣ・ＳＳＷによる支援活動のサポート
学校教育相談の基盤の整備	

プロモーション活動

学校教育相談

栗原（2002）を一部改変

　①から⑧までは、すべて「プロモーション活動」のなかの「ＳＣ・ＳＳＷによる支援活動のサポート」や「学校教育相談の基盤の整備」に位置づくと想定されます。

　こうした活動は、ＳＣやＳＳＷを効果的に機能させるためには重要ですが、学校教育相談全体の観点からみればごく一部ですので、それだけをやっていても学校教育相談が機能するわけではないことは、十分ご理解いただけるかと思います。

　8つの主要業務は、ＳＣ・ＳＳＷを機能させる上で重要な仕事ですが、学校教育相談の全体ではありません。教育相談コーディネーターの業務をこの8つの業務に限定するならば、ＳＣ・ＳＳＷへの丸投げが加速化し、教師による教育相談活動は後退し、教師による子どもの適応支援は困難になる可能性があります。ましてや開発・予防領域で有効なガイダンスが教育相談活動ではないということになれば、成長支援的教育相談活動が停滞しますので、事態はさらに深刻になります。

教師も教育相談コーディネーターもＳＣもＳＳＷも、それぞ
れに期待される教育相談活動をしっかりと行うこと、そのため
にはプロモーション活動による基盤整備を怠らないこと、活動
については評価を加え、その分析に基づいて組織化を進めて、
より高い次元の学校教育相談を創造していくことが、教育相談
コーディネーターの仕事であると考えます。

8 多層モデルと文化

　世界のスクールカウンセリングは、学校教育相談や学校心理
学のように多層モデルが標準になっているようです。ただ、必
ずしも３層ではなく、例えばオーストラリアは４層モデルを採
用しています。３層と４層のどちらが正しいかという問題では
なく、その国の実態をより的確に反映し、使い勝手のよいモデ
ルがよいモデルだと考えます。

　このように書くのには、理由があります。実はアジアのスク
ールカウンセリングシステムは、日本よりはるかに進んでいま
す。シンガポール、香港、台湾、マカオ、韓国では、ＳＣやＳ
ＳＷが常勤・フルタイムで働いています。台湾では、３層構造
による支援が法制化されています。

　私はこれまで台湾や香港の研究者を日本に招聘したり、私自
身が出向いたりして、ディスカッションを重ねてきました。そ
のなかで、「台湾ではアメリカの学校心理学モデルを導入した
がうまくいかなかった。そこで全国的な調査をかけたところ、
台湾の教員は三次的援助サービスも教員の仕事と思っていて、
その部分をＳＣやＳＳＷに委ねることに躊躇があり、自分で何
とかしようと頑張ることが多かった。そのことが判断の遅れや

対応のまずさにつながる部分があった。そこで台湾では、アメリカの学校心理学モデルを台湾流に自国化し、現在のモデルに落ち着いている」という話をうかがいました。

　儒教文化を背景に持ち、教師と子どもたちとの情緒的つながりが強く、教師は、子どもの学業だけではなくすべての領域にかかわることを基本としているという点で、日本と台湾は類似している部分がかなりあります。その日本でも、ＳＣやＳＳＷの全校配置や、教育相談コーディネーターの配置が施策として打ち出される時代がやってきました。

　このことは、日本の文脈で有効な実践の在り方を模索し、生み出していく必要性を示唆しています。その模索の中心を担うのは、教育相談コーディネーターです。台湾の方々が自国のモデルを考え出したように、日本における新しい時代に通用する新しい学校教育相談は、これを読まれているみなさんに、ぜひとも生み出していってほしいと思います。

第6章

学校教育相談の全体像

1 学校教育相談の全体像

　本章からは、学教教育相談の具体的な仕事を解説しながら、その仕事のそれぞれに、教育相談コーディネーターはどのようにかかわったらいいのか、解説していきます。

　図6をご覧ください。まずは、この図について解説します。

　この図6の第1のポイントは、学校教育相談活動を「開発的教育相談」「予防的教育相談」「問題解決的教育相談」という3層に分けて考えるということです。第5章でも少し触れましたが、活動を3層に分けているのであって、児童生徒を3層に分けているわけではありません。子ども全員が、開発的支援ニーズ、予防的支援ニーズ、問題解決的支援ニーズの3種類のニーズを持っていると考えているからです。

　例えば、一人の子どもが、パーソナリティや社会性領域では開発的支援ニーズだけれども、学習領域では予防的支援ニーズがあり、キャリア領域では問題解決的支援ニーズを持っているかもしれないということです。言い換えれば、子ども一人一人のニーズに応じて、開発的支援、予防的支援、問題解決的支援を提供する必要があるということを意味しています。

　第2のポイントは、担任等、教育相談コーディネーター（図ではＳＣＣ）、スクールカウンセラー（ＳＣ）・スクールソーシャルワーカー（ＳＳＷ）、外部の専門機関の4種類の関係者の守備領域を、右斜め上から左斜め下に線を入れて四分していることです。ちょうど「斜めの輪切り」のようになっているのがおわかりかと思います。この「斜めに切ってあること」がポイントです。

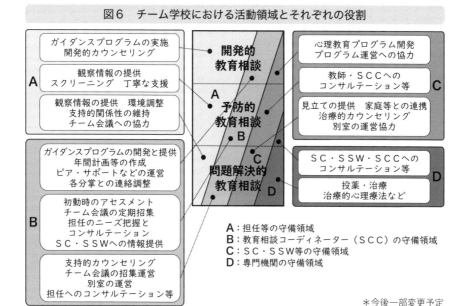

図6　チーム学校における活動領域とそれぞれの役割

ガイダンスプログラムの実施
開発的カウンセリング

観察情報の提供
スクリーニング　丁寧な支援

観察情報の提供　環境調整
支持的関係性の維持
チーム会議への協力

A

開発的
教育相談

A

予防的
教育相談

B

問題解決的
教育相談

C

D

心理教育プログラム開発
プログラム運営への協力

教師・SCCへの
コンサルテーション等

見立ての提供　家庭等との連携
治療的カウンセリング
別室の運営協力

C

ガイダンスプログラムの開発と提供
年間計画等の作成
ピア・サポートなどの運営
各分掌との連絡調整

初動時のアセスメント
チーム会議の定期招集
担任のニーズ把握と
コンサルテーション
SC・SSWへの情報提供

B

支持的カウンセリング
チーム会議の招集運営
別室の運営
担任へのコンサルテーション等

SC・SSW・SCCへの
コンサルテーション等

投薬・治療
治療的心理療法など

D

A：担任等の守備領域
B：教育相談コーディネーター（SCC）の守備領域
C：SC・SSW等の守備領域
D：専門機関の守備領域

＊今後一部変更予定

　担任をはじめとする一般の先生方の役割が大きいのは一番上の開発的教育相談領域の活動で、予防的・問題解決的教育相談と下に行くにしたがって図のAの面積は小さくなっていきます。逆に、SCやSSWの活動領域は、一番下の問題解決的教育相談領域が最も広く、予防的・開発的教育相談と上に行くにしたがって図のCの面積は小さくなっていきます。教育相談コーディネーター（School Counseling Coordinator：SCC）は３つの領域のすべてにかかわるので、図のBの３領域の面積を等しくしています。外部の専門機関は、基本的には問題解決的教育相談領域の活動が中心で（図のD）、一部予防的教育相談領域の活動を含むようにしています。連携する機関によっては、開発的教育相談領域の活動を得意とするところもあるとは思いますが、ここではそれは扱いません。

　第３のポイントは、「斜めの輪切りであって、横切りの輪切り

ではない」ということです。これを「横切りの輪切り」にして
しまうと、図の上のほうの予防的・開発的教育相談が教師の仕
事で、図の下のほうの問題解決的教育相談の活動はＳＣやＳＳ
Ｗ、あるいは外部の専門機関の仕事という考えになってしまい
かねないからです。

　この図6をよく見ると、図の上部にあたる開発的教育相談の
活動は、担任、教育相談コーディネーター、ＳＣやＳＳＷ全員
がかかわることになっています。図の下部にあたる問題解決的
教育相談の活動も、外部機関も含めて、すべての関係者がその
活動にかかわるという構造になっています。つまり、不登校や
いじめといった問題には、教育相談コーディネーターが連携の
核になりながら、担任も、教育相談コーディネーターも、ＳＣ
もＳＳＷも、外部機関も、それぞれやることがあり、まさにチ
ームで問題解決にあたるということです。そして、それらの関
係者がそれぞれの役割を果たせるように、システムと活動を調
整するのが、教育相談コーディネーターの役割ということにな
ります。

2 国の考える教育相談と生徒指導の関係

　「生徒指導提要」（文部科学省、2010）には、「生徒指導の機能で
ある教育相談的機能を十分活かすことはますます重要視される
必要があります」と書かれており、教育相談が生徒指導の機能
であり、重要であるという認識が文部科学省にあることがわか
ります。

　では、教育相談と生徒指導は、どこが違うのでしょうか。同じ
く「生徒指導提要」には、「教育相談は主に個に焦点を当て、面

接や演習を通して個の内面の変容を図ろうとするのに対して、生徒指導は主に集団に焦点を当て、行事や特別活動などにおいて、集団としての成果や変容を目指し、結果として個の変容に至るところにあります」とあるのですが、「集団活動においては、往々にして個別的な指導が疎かになります。適宜に児童生徒理解を進め個別指導の充実に努める必要があります」とあります。

こうした記述を見ると、教育相談は個人に焦点を当てて主に個別的なアプローチをする活動で、生徒指導は集団に焦点を当てて集団的なアプローチをするというのが国の考え方のようです。

3

教育相談と生徒指導は基本的に一体

第1章で述べたように、日本の学校教育相談は、何らかの課題を抱えた児童生徒に対する「個別的で問題解決的な活動」としてスタートしました。しかし、1980年代以降、校内暴力やいじめなどが顕在化する過程で、「個別的で問題解決的な活動」というフレームでの教育相談は、学校内では十分に機能しない現実に直面しました。

こうしたなかで、当時、私を含めて教育相談に携わっていた教師が模索し続けてきたことは、「一人一人の子どもについての理解と受容と共感に立脚しながらも、現実の学教教育のなかで機能する学教教育相談の創造」であったように思います。そして、その後の模索のなかで見いだしてきたことは、「適応支援だけではなく、成長支援としての教育相談」「個別的支援だけではなく、集団への支援としての教育相談」「カウンセリングとしてだけではなく、ガイダンスとしての教育相談」という方向性

であったと私は思っています。

　それは、言い換えれば「個別的で問題解決的な活動からの脱却」です。教育相談はそうした視点を取り込んだ活動として成長してきたということができます。

　それにもかかわらず、教育相談を「個別的で問題解決的な活動」といった枠でとらえ、その枠に閉じ込めてしまうことは、教育相談の、最終的には生徒指導全体の発展を阻害するといえるでしょう。もはや教育相談は、「個別だけ」ではなく、「問題解決だけ」でもないのです。そのような教育相談に対する理解は、30年も40年も前のフレームなのです。教育相談と生徒指導とは、基本的に一体のものといえるのです。

4　教育相談と生徒指導は視点の違い

　第5章でも見てきたように、教育相談においても、成長支援を目的とした開発的な領域の活動がどんどん生まれてきています。そうなると、教育相談と生徒指導の関係性は、結局、どのようなものなのでしょうか。本章の最後に、このことについて整理しておきたいと思います。

　私は、以下のように考えています。

　「教育相談は個と集団の両方に焦点を当てるが、比重が個にあり、個人の成長と適応が常に意識される。生徒指導も個と集団の両方に焦点を当てるが、比重が主に集団にあり、集団の成果や変容が常に意識される。両者は相補的であり、両者は不可分と考えることで、初めて成果を上げることのできる活動である」

　このことは、「生徒指導提要」や文部科学省からの文書を丁寧

に読めばわかることですが、一方で、歴史的にこびりついてしまった教育相談や生徒指導のイメージがあり、それが理解を妨げているようにも感じます。

「生徒指導提要」では、生徒指導を、「一人一人の児童生徒の人格を尊重し、個性の伸長を図りながら、社会的資質や行動力を高めることを目指して行われる教育活動」としています。この目標を達成するためには、「生徒指導の機能である教育相談的機能を十分活かすことはますます重要視される必要」があるわけです。

生徒指導は「より集団を尊重する視点」から考え、教育相談は「より個人を尊重する視点」から考えるという強調点の違いはあるものの、両者は、同じゴールを目指すものであり、本質においては同一です。これからの時代の教育相談や生徒指導は、どちらかだけの視点から実践の在り方を考えることはあり得ず、常に両方の視点から考えることが求められます。

そう考えたとき、実質的に生徒指導と教育相談は不可分と考えることが重要であり、違いを強調するよりは、共通のゴールを目指すという視点を強調することのほうが重要である、ということです。

そういうわけで、本書でも、時に教育相談という言葉を使ったり、時に生徒指導という言葉を使ったりしていますが、本質的に両者に違いはないというのが私のスタンスです。

第7章

開発的教育相談と教育相談コーディネーター

第6章の図6でご紹介した学校教育相談活動の3層のうち、本章では「開発的教育相談」の内容と、そこにおける教育相談コーディネーターの役割について述べます。

　開発的教育相談の対象は、すべての児童生徒で、直接的な実践者は教師です。その目的は、すべての子どもの身体・パーソナリティ・社会性・学業・キャリアの5つの領域での発達を促進することです。その活動は、大きくは5つあると思います。「ガイダンスプログラムの開発と実施」「ガイダンスプログラムの運営」「既存の活動の見直しと再構成」「担任の開発的教育相談活動の支援」「教育相談コーディネーターが行う相談室活動」です。

　この5つの活動について、教育相談コーディネーターのかかわりも踏まえながら解説します。なお、「開発」という言葉と「発達」という言葉が出てくると思いますが、開発も発達も、英語ではDevelopmentなので、同じ意味で使っていると思ってください。

1　ガイダンスプログラムの開発と実施

　教育相談におけるガイダンスプログラムは、パーソナリティと社会性の発達に焦点を当てたものになります（ここでは詳述はしませんが、ガイダンスプログラムはキャリア領域や学習領域においても非常に重要であることを付け加えておきたいと思います）。

　ガイダンスプログラムは、いじめ防止プログラム、ＳＥＬ(Social and Emotional Learning：社会性と情動の学習)、ピア・サポートプログラム、構成的グループエンカウンター、プロジェクト

アドベンチャー、対人関係ゲームなど、すでにさまざまなプログラムが開発されています。教育相談コーディネーターの役目は、こうしたプログラムのなかから学校に必要なものを選び、アレンジを加え、実施にまでこぎ着けることです。そのためには、①子どもや学校のニーズを知る、②ニーズに合ったガイダンスプログラムを選ぶ、③教育課程への位置づけ方を考える、④教員の合意を得る、というプロセスを踏んでいくことになります。以下、この４つのプロセスについて解説します。

1）子どもや学校のニーズを知る

　私は、フィリピンのストリートチルドレン保護施設にかかわっています。この施設で最初に行ったことは、子どもたちのニーズをとらえるための観察とインタビューでした。その結果、30人弱の子ども全員が、ドラッグやアルコール問題などを抱えている養育能力の低い親に育てられ、被虐待体験があるといった背景を抱えていました。その結果、前向きな行動がとれず、トラブルが日常的に多発していました。

　そこで、私たちは、「愛着の修復とレジリエンスの形成」に焦点を当てたプログラムを実施することにしました。プログラムは、子どもに対して週２回、１回約25分間、合計33回のワークと、スタッフに対する６時間のトレーニングおよび３回のコンサルテーションで構成しました。

　その実践結果は、私たちの想像をはるかに超えるもので、小さなけんかは約６割減、大きなけんかは約９割減となりました。学校で指導を受ける子どもたちはほぼいなくなり、登校しぶりのあった子どもも元気に登校するようになりました。一番驚いたのは、学習にかかわる支援は何もしていなかったにもかかわらず、４割強の子どもが学級で成績 "トップ" になりまし

た。ソーシャルワーカーへのインタビューから、その主な要因は「子どもたちが情緒的に安定し、生活態度や学習態度が意欲的になった」ことだったとわかりました。

このようにニーズにかなうプログラムを展開することは、大きな変化を引き起こすのです。ですから、まず的確にニーズを把握することが大切です。ニーズは、観察やインタビューだけでなく、アンケート等で数量的にとらえておくと、プログラム実施後に同じアンケートをとって比較することで、実践した効果を数量的に示すことができます。このことは非常に重要です。第5章6の「アセスメント」の項も参考にしてください。

2）ニーズに合ったガイダンスプログラムを選ぶ

マズローの欲求階層説では、下位の欲求を充足することが次の段階に進む前提となります（第4章の図2）。また、一般的に、小学生段階では「安心・安全の欲求」や「愛と所属の欲求」が強く、高学年から中学生になるにつれて「承認欲求」が高まり、さらに高校生になると「自己実現の欲求」が高まると考えられます。

しかし、それは、現実の中学生や高校生の「安心・安全の欲求」や「愛と所属の欲求」が充足されていることを意味しません。中高生が対象であっても、「安心・安全の欲求」や「愛と所属の欲求」の充足にも十分配慮したプログラムを実践し、学級が安定するからこそ、心置きなく「自己実現の欲求」に向かうことができるのです。つまり、どの学年段階においても、子どもの実態に応じて「生理的欲求」「安心・安全の欲求」「愛と所属の欲求」「承認欲求」「自己実現の欲求」の5つの欲求を満たすことが必要不可欠で、その充足のためには複数の取組を組み合わせたアプローチが必要になってきます。

こうした大原則を意識して、子どもたちのニーズに合わせ、関連する部署の先生方と相談をしながら、自校のプログラムをつくっていくことになります。

3）教育課程への位置づけ方を考える

プログラムがある程度固まってきたら、次は教育課程への位置づけを考える段階に進みます。「ピア・サポートプログラムは、教育課程のどこに位置づけたらいいでしょうか」といった質問がそれに当たります。

その答えですが、プログラムのすべての時間を、道徳、特別活動、総合的な学習の時間等のどれか1つに位置づけることは難しいでしょう。一方で、前述のように、ガイダンスプログラムの目的は、これらの教育活動の目的とも重なるところがあります。このことは、「プログラムのねらいと、他の教育活動とのねらいの両方をしっかりと押さえておけば、プログラムの一部を道徳にも、特別活動にも、総合的な学習の時間にも、各教科にも位置づけられる」ことを意味しています。ですので、具体的な実施を検討する段階までこぎ着けたらなら、関係の先生方と協議して、「プログラムのこの部分は、道徳の〇〇として位置づけられる」といった形で時間を捻出していきます。

なお、こうして時間を生み出したら、そのプログラムに「〇〇学校フレンドシップタイム」「☆☆学校キャリアチャレンジプログラム」などといった、特徴を踏まえた呼び方や名前をつけることをおすすめします。それによって、その時間の目的を教師も子どもも共有できるようになりますし、教師側から見ればいろんな時間の寄せ集めなのですが、子どもから見ると一貫したプログラムとして意識されることになります。

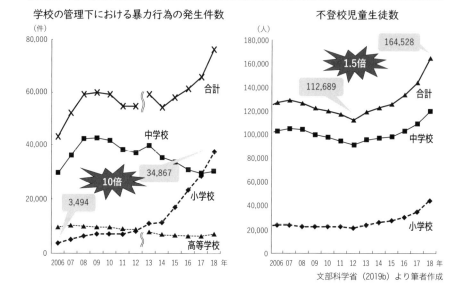

図7　校内暴力と不登校生徒数の推移

学校の管理下における暴力行為の発生件数

不登校児童生徒数

文部科学省（2019b）より筆者作成

4）教員の合意を得る

　実施計画ができあがったら、会議等に提案して教員の合意を得る段階に進みます。合意を得るためのポイントは3つあると考えます。

　1つは、子どもたちの実態を共通理解することです。「子どもの状態は危機的」「うちの学校の子どもの課題は○○だ」ということが共有できれば、先生方は「何かしなければ」と考えるようになります。

　図7をご覧ください。小学校における暴力行為が過去12年間で10倍、不登校は6年間で1.5倍になっています。これは、子どもが相当危機的状況にあり、子どもたちが苦しんでいて、その状況に対して暴力や不登校という形でしか表現できなくなってきていることを示唆します。原因は、スキルの不足なのか、養育環境の悪化なのか、学校での人間関係の悪化なのかといった

ことを、みんなで考え共有することで、「何かしなければ」という意識の共有ができるかもしれません。学校の具体的事例があれば、もっと切迫感のある理解につながっていくでしょう。

　中学校や高等学校の先生方も、「小学校のことだから」ではすまされません。彼らは数年後には中学生や高校生になるのです。教育相談コーディネーターには、そのことへの準備の必要性を訴えていくことも求められると思います。

　２つ目は、「取り組もうとしているプログラムは効果的」であることの理解です。そのためには、効果がある程度立証されているプログラムを活用したり、自分が実践して効果を提示したりする必要があるかもしれません。私もいくつかの自治体でプログラム実践をしてきましたが、最初の実践ではかなり苦労しました。しかし、２回目以降は「Ａ市で実績がある」ということが知られていましたので、拍子抜けするくらい簡単に受け入れていただきました。これは、効果のエビデンスを示すことの重要性を意味していると思います。

　例えば、次ページの図８は、私が10年間にわたってマルチレベルアプローチ（Multi-level Approach：ＭＬＡ）の実践を指導しているＡ市の中学校のデータですが、不登校と中学生の検挙・補導数が大きく減少していることがわかります。このような先行実践の成果を示し、「Ａ校では○○という成果が上がったようです。本校でもほぼ同等の効果が期待できると思われますし、△△という点についての改善策を加えればより高い効果が期待できると思います」といった具合に、「効果がある」ということを理解してもらいます。

　３つ目に、「そのプログラムは自分にも十分実践可能で、それほど負担は大きくない」と思ってもらうことです。先生方は多忙ですから、さらに「負担が増えること」を嫌います。また、

図8　A市でのMLAの取組の効果実績の一例

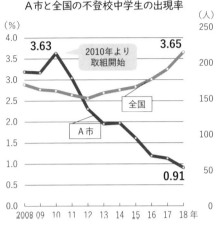

A市と全国の不登校中学生の出現率

注：2016〜18年は過去3年間の転入生を除く。

A市の警察署管内の中学生の検挙・補導数

A警察署「A市の非行実態 平成22〜30年」から
筆者作成

　こうした取組を苦手と感じている先生は、「うまくいかなくて、子どもとの関係が悪くなるかもしれない」と思うかもしれません。そうしたリスクを冒してまで新しいことにチャレンジする必要はないと考えることは、自然なことです。だからこそ、こうした懸念を可能なかぎり軽減することが重要になります。

　そのためには、事前に意見を聞いてその意見をプログラムに反映させたり、資料や授業案を提供したり、事前学習会を保障するなど、さまざまなサポートが必要になります。

　そうはいっても、特に最初は、なかなか周囲の先生方の理解は得にくいと思います。そんなときには、教育相談部の先生方が数クラスで試行的に実践して効果を示すという方法もあるかもしれません。また、いじめや不登校などの問題を何とかしたいと思っている管理職もいるはずです。そうした管理職にエビデンスを踏まえて提言することも、教育相談コーディネーターの重要な役割です。

いずれにせよ、教育相談コーディネーターには、学校が組織的に、しかも先生方が安心して意欲的に取り組めるようにするためにはどんなサポートを提供する必要があるのかを考えることが求められます。

2 ガイダンスプログラムの運営

　ガイダンスプログラムの実施にこぎ着けたら、次の課題は、実際に高い成果を得ることです。そのためには、①個々の先生方の実践の質を担保すること、②実践のばらつきを最小限に抑えること、③実践の量を確保すること、④プログラムを評価し、教育活動の見直しに活用すること、が求められます。これらを教育相談コーディネーターが中心となって取り組んでいきたいものです。

1）個々の先生方の実践の質を担保する

　先生方の実践の質を担保するには、どうすればいいでしょうか。答えは、「困っている先生に丁寧なサポートを提供する」ことです。

　ある学校のＳＥＬ担当の先生は、「授業案は担当者で作成して、みなさんにお配りします。それから、授業日の前日の放課後、15分くらいでミニ模擬授業をやりますので、心配な方はぜひご参加ください」といった具合に進めていました。実際のミニ模擬授業では、あまり関心のなさそうな先生方が参加したり、「共通のゴールに向かってみんなで実践する」という意識が生まれたり、うれしい効果があったとのことでした。

　別のある学校では、担当する先生方数人で学校生活の一場面

を切り取ったビデオを撮影し、それを各クラスで視聴し、その後にみんなでディスカッションをして、どんなふうにしたらよいのかを考え、実際にやってみるといった流れをつくっていました。身近な先生方の迫真の演技に、子どもたちが盛り上がるのは想像に難くありません。

　また、別のある学校では、最初の数回は教育相談コーディネーターがＴ１として授業をやり、担任はＴ２として子どもたちとかかわりながら、Ｔ１のやり方をつかむという方法をとっていました。

　このように、実態に即したサポートを提供することで、ガイダンスプログラムは動き始め、効果を上げることができます。また、そうしたサポートを提供してくれる教育相談コーディネーターに対しての信頼は高まり、結果として、さまざまな活動がやりやすくなるでしょう。

２）実践のばらつきを最小限に抑える

　実践が始まった学校の教育相談コーディネーターからよく相談されるのは、「正直なところ温度差があり、実践している学級もあれば、していない学級もある」ということです。

　教員集団は、年齢も経験も関心もまったく異なる先生方の共同体です。ですから、放っておけば、実践のばらつきが生じるのは当然のことです。しかし、それでは成果は上がりませんし、その状態が長く続くと、取組への全体的な意欲が低下し、教員の不一致が助長されるような結果になることもあります。ですので、この「実践のばらつき」にどう取り組むかは、教育相談コーディネーターの大きな課題の１つです。

〈丁寧な共通理解と合意形成、そしてサポート〉

　そうならないためにまず重要なことは、前節で述べた「教員

の合意を得る」というステップを丁寧にやること、その上で、「困っている先生に丁寧なサポートを提供する」ことです。この２つを抜きにして、「やると決まったんだからやってください」と言っても、実際には学校は動きません。

〈「やってもらう仕組み」づくり〉

　その一方で、「やってもらう仕組み」をつくることも大切です。

　ある中学校の教育相談コーディネーターは、「ピア・サポートは学年全体で動くので何とか歩調を合わせられるけれど、協同学習は教室のなかでの実践が中心なので見えにくいし、その先生なりのスタイルもあるのでお願いしにくい」と言っていました。しかし、その後、そのコーディネーターは、「大まかな数字でかまいませんので、一日当たり何分程度、協同場面を確保できたかを記入して提出してください」と先生方にお願いし、その数字を「協同学習頑張りグラフ」にして職員室に掲示し、教員の意識づけをはかりました。また、「教育相談コーディネーター便り」を毎月出して、それぞれの学年の取組の成果を紹介することも始めました。その結果、「２年生には負けられない」という雰囲気が出てきたり、教科ごとに「どの単元でどんな協同場面をつくれるか」といった話し合いが行われたりするようになり、数か月後には数値がどんどん改善し、学校も安定し、保護者からも肯定的に評価されるようになりました。

　これらの取組は、実践をモニターし、その数値やエピソードをフィードバックする仕組みを整えるということです。こういったことは、取り組まない先生にだめ出しをするということではなく、刺激を与え、励まし続けるというスタンスで行うとよいでしょう。

3）実践の量を確保する

　プログラムが効果を上げるには、「一定量の実践」が必要です。例えば、協同学習を月に１回程度実施しても、効果が出てこないことは容易に想像できます。また、人間関係づくりの授業を年度当初に１～２時間実施している学校は少なくないでしょう。ただ、その効果は「年度当初の緊張感」の緩和であって、「人間関係形成能力の発達」ではないと考えたほうがいいでしょう。

　では、「子どもの成長支援」を可能にするには、どの程度の活動時間を確保することが必要なのでしょうか。この点について小泉（2012）は、ＳＥＬによる効果が期待できるのは年７回以上の実施が必要と報告しています。海外の文献では８回という報告もありますので、おおむねこの回数が基準となるでしょう。ただ、この数字は「平均的には」ということです。学級には、課題の大きい子どももいますので、私は月１回、年合計10回を推奨しています。協同学習などの場合は毎日、と考えたほうがいいでしょう。

　「そんなに時間がとれない」という声が聞こえてきそうですが、考えてみてください。子どもや保護者から「勉強しなくても頭がよくなる方法を教えてください」と言われたら、なんと答えますか。私なら、「ありません」と答えます。ラクをして効果を上げる方法はないと考えるからです。「効果を上げるには７～８時間、課題の大きい子どもには10時間程度必要」という研究データがあるのに、「なんとか３時間で」ということ自体、エビデンスベースではありません。逆の言い方をすれば、ＳＥＬの時間を月１時間確保して取り組めば、１年後には課題のある子どもたちも落ち着きを見せるようになるということです。

　なお、前掲の小泉の報告には、ＳＥＬの実践後、小学校では18名中18名の教員が、中学校では26名中22名の教員が、ＳＥＬ

の効果を実感したとあります。効果を実感できさえすれば、「先生方はもっと工夫してよい実践を」と考えるようになります。

　私自身の経験でも、最初は自治体の指定を受けて「8時間以上の実践」を行った学校の多くは、指定が外れた後もその量の実践を続けています。それは、「効果を上げるには一定量の実践が必要で、逆に、その量の実践をこなせば効果は確実で、波及効果も高い」ことを先生方が理解するようになるからです。最初からこの時間を確保するのは難しいかもしれませんが、教育相談コーディネーターは、先生方の理解を深めながら、最終的には、この数字にまでもっていくことが必要になります。効果は間違いありません。確信をもって前に進んでください。

4）プログラムを評価し、教育活動の見直しに活用

　プログラムによる実践は、即効性があるものではありません。だからこそ、しっかりとモニターし、データを集めて分析し、次に活かすという発想が必要です。エビデンスベースとは、そういうことです。

　評価には2種類あります。1つは、学校評価アンケートのように、年1回もしくは学期に1回だけ実施し、全体的な成果を見るものです。

　もう1つは、プログラムの進行中に行うもので、毎回もしくは定期的にアンケート等で子どもたちの理解度やプログラムの実行度、効果の程度などをモニターし、プログラムの微修正に活用します。例えば協同学習についてのアンケートであれば、「協同をすることは楽しい」「授業がわかるようになった」「友達との関係が深まった」といった内容や、「今日の協同の時間は（　）分だった」といった内容です。

　いずれにしても、こうしたデータを積み重ね、定期的に分析

して教育活動の見直しに活用していくということです。

　私の経験ですと、プログラム実践を始めた頃は半信半疑だった先生方も、よいデータが積み重なってくると自信をつけ始め、徒労感は解消され、より積極的に取り組むようになります。そういう意味でも、評価は教育相談コーディネーターの重要な仕事になります。

3　既存の活動の見直しと再編成

1）目的や目標の観点からの見直し

　学校で行われる教育活動には、効果が高く、価値のあるものがたくさんあります。しかし、活動は分掌ごとに設定されていて、統合的な観点が弱く、それが学校の多忙化につながっているようにも思えます。そして、いつしか本来の目的より活動すること自体が目的となり、形骸化しているものも少なくないのではないでしょうか。

　そうした既存の活動を教育相談の観点から見直し、さらに意図的に、発達促進的な活動として再構成していくということです。

　その際に大切なことは、「目的は何か」ということであり、「目的の観点から教育活動を見直して再構成する」ということです。それが業務のスリム化にもつながって、目的と目標が明確な、すっきりとした教育実践が可能になるわけです。

2）多様な教育活動をつなげて構造化する

　日本の木造住宅の構造は、基本的に地面に垂直に立つ柱と、地面に水平で、柱と柱をつなぐ梁とでできています。もし梁が

なければ、柱はきちんと立つことができませんし、家として機能しません。

　ここでの柱とは、ガイダンスプログラムを含む、学校におけるさまざまな取組です。それをしっかりと結びつけること、つまり「多様な教育活動をつなげて構造化する」ことで、学校教育は大きな成果を上げることができるようになります。

　ある中学校の学年目標は、「協力して問題解決できる子どもを育てる」でした。その学校では、それを具現化する場面として、年間に複数回の小中交流行事をピア・サポート活動として位置づけていました。そのまとめの行事が、3月の新入生体験入学でした。この体験入学は、事前に小学生から質問を集め、その質問を踏まえながら、2人組で2人の小学生の学校案内をするという形で実践されました。

　この行事のために、「不安」という感情理解のためのSELが組まれました。さらにPBIS（Positive Behavioral Interventions and Supports：ポジティブな行動介入と支援）の視点から、不安の高い新入生に対してどんな配慮行動をすることが「思いやり」なのかを具体的に考えさせました。その上で、「2人組で2人の小学生の学校案内をする」という"協力しあいながら問題を解決する活動"をピア・サポート活動として実践しました。このようにして、PBIS、ピア・サポートプログラム、SELといったプログラムを組み合わせて構造化し、他者の感情を推察すること、サポートすること、協力すること、問題を解決することを学ぶことができる教育活動につくりあげているわけです。

　この他にも、異学年交流や体育祭等の学校行事をピア・サポートの観点で再構成してみるとか、コミュニケーションスキルや問題解決スキルを教えるSELのプログラムを導入して協同学習を質的に改善するということなどは、すぐにでもできるこ

とです。このようにいくつかの教育活動をつなげて構造化することは、その効果を倍増させます。1 + 1 = 2ではなく、1 + 1 = 3以上になっていくのです。

担任の開発的教育相談活動の支援

開発的教育相談の4つ目の活動として、教師が行う重要な柱である個人面接について解説したいと思います。

1）教師が行うカウンセリングの目的

「面接を具体的にどうすればいいのかわからない」「カウンセリングは苦手で」という先生方は実際には多いと思います。こうした先生方を支援する上でまず押さえたいことは、第5章6の「カウンセリング」の項でも述べたように、教師の行うカウンセリングの目的は、問題解決ではなく成長支援だということです。具体的には、自尊感情を育む、自己効力感を育む、意欲を高める、方向性をはっきりさせる、といったことが目的になります。

教師の行うカウンセリングの対象はすべての子どもで、主たる目的は成長支援です。スクールカウンセラー（ＳＣ）やスクールソーシャルワーカー（ＳＳＷ）が行うカウンセリングの対象は、特定の、もしくは一部の子どもで、主たる目的は適応支援です。つまり、教師によるカウンセリングとＳＣやＳＳＷの行うカウンセリングとでは、対象も目的も違いますし、したがって方法論も異なってくるのです。

この点を明確にすることは、ＳＣやＳＳＷと連携をする上でも重要です。教師の心の中には、「自分のクラスの子どもはＳＣ

やＳＳＷに任せずに、自分で何とかしたい」という連携への躊躇や、「ＳＣやＳＳＷのようなカウンセリングはできない」という劣等感が潜んでいる場合があり、それらがＳＣやＳＳＷとの関係構築や協働の障害になる場合もあります。

　「教師は難しい子どもを支えきる力がないから、ＳＣやＳＳＷにお任せする」のではありません。役割が違うので、連携するのです。その意味でも、教育相談コーディネーターには、教師が行うカウンセリングの目的と意義と方法を、先生方に周知することが求められます。

２）教師に必要なのはコミュニケーションスキルと
サポートスキル

　前項で述べたように、教師が行う開発的教育相談としてのカウンセリングは、自尊感情を育む、自己効力感を育む、意欲を高める、方向性をはっきりさせる、といったことが目的になります。

　では、教師には、子どもとのどのようなかかわりが必要なのでしょうか。まず、サポートという観点から見ていきたいと思います。

　サポートには、「情緒的サポート」（例：相談にのる）、「道具的サポート」（例：勉強を教える）、「情報的サポート」（例：進路情報を提供する）、「評価的サポート」（例：できていることをほめる）の４種類があると言われています。

　このサポートという観点から見ると、ＳＣやＳＳＷが行うカウンセリングは「情緒的サポート」が中心になります。しかし、教師の行う開発的教育相談としてのカウンセリングでは、「情緒的サポート」はすべての基盤として当然重要ですが、ＳＣやＳＳＷの行う面接に比べて「道具的サポート」「情報的サポー

ト」「評価的サポート」の必要性がかなり高くなります。教師の行うカウンセリングは、情緒的サポートをベースにしながら、その子どもや保護者に必要な支援をコーディネートする場でもあるということです。

　次に、教師の行うカウンセリングの技法ですが、専門的なカウンセリングスキルというよりは「丁寧なコミュニケーションスキル」といったほうが妥当だと私は思っています。専門的なカウンセリングスキルをすべての教師が身につける必要はありませんが、子どもや保護者の考え・思い・感情を理解し、適切に応答するコミュニケーションスキルは、すべての教師が身につけるべきスキルだということです。

　私の考えるコミュニケーションスキルとは、

①傾聴する

②自分の判断はいったん保留して、相手の視点からその話の内容と感情とその人なりの努力やふんばりを理解する

③考えや行動の背景を推察する

④理解した内容と感情を本人に伝え、自分の理解が正しいかどうかを確認する

という一連のスキルです。

　そして、このようなコミュニケーションに基づいて、多様なサポートをコーディネートし、子どもが自律的に成長していけるように支えることが、教師の開発的教育相談としてのカウンセリングであるということです。もちろん、学級にはさまざまな問題を抱えた子どもがいますので、ある程度専門的なカウンセリングスキルを知っているに越したことはないのですが、必須というわけではないということです。

　こうした視点を明確にすることで、教師は教師としてのプライドを保つことができますし、ＳＣやＳＳＷへの丸投げを防ぐ

ことができます。変な引け目を持つ必要もなくなります。

　もう1つ、カウンセリングについて押さえておきたいことがあります。それは、「カウンセリングの目的は、子どもを変えることではない」ということです。「子どもを変えるためにカウンセリングをするのではないのか」という声が聞こえてきそうですが、それは間違いです。変わるのは、変わろうと決心するのは、あくまでも子どもであり、保護者です。教師の仕事は、その障害となっていることへの気づきを刺激したり、自己理解や他者理解を促進したりすることであり、変わっていくために必要なサポートを提供することです。

> ## 5　教育相談コーディネーターが行う
> ## 　　相談室活動

　最後になりましたが、教育相談コーディネーターが行う相談室での開発的カウンセリングについて私の考えを述べたいと思います。

　中学校や高等学校では、相談室のある学校が多いのではないかと思います。小学校では、特別な部屋は用意されていないかもしれませんが、内容的には小学校でも共通することですので、自分の学校に当てはめて読んでみてください。

　私は、相談室が、特別な子どもを対象とした相談室ではなく、すべての子どもを対象とした相談室になることが望ましいと思っています。そのポイントは、例えば「進路」や「学習」につながるような、自己成長を促進する活動を相談室活動のなかに位置づけることが重要だと思います。

　私は高校教員時代、「進路選択で失敗しないために―職業適性検査をやってみよう！」「エゴグラムをやってみよう！」と

か、「卒業した先輩と語ろう！―保育士希望生徒のための座談会」「対人援助職に就きたい人集まれ！―カウンセリングワークショップ」といった企画を立て、「相談室便り」を使って広報し、グループカウンセリングのようなことをやっていました。進路部ともよくタイアップをしていました。今であれば、「脳のタイプを知って学習効率を上げよう―君は視覚タイプ？　聴覚タイプ？　運動感覚タイプ？」といった学習領域の活動をするかもしれません。

　また、学校で心理検査や適性検査を行うこともあると思うのですが、その活用のために、振り返りワークシートをつくって担任に提供し、ホームルーム活動で活用してもらったり、「詳しい解説をしてほしい人は結果を持って相談室へ」といった広報をしていました。相談室には何種類もの心理検査や適性検査をそろえていたので、それをやりにくる子どもも多くいました。

　こうした活動は相談室のイメージを変えますし、集まってきた子どもたちはワイワイとやりながら、新たな関係をつくっていったりします。

　カウンセリングは、すべての子どもにとって有効な技法です。教育相談コーディネーターが相談室で開発的カウンセリングを実践することで、多くの子どもたちにカウンセリングに触れるチャンスを与えたいものです。

＊

以上、開発的教育相談について解説をしてきました。成長こそ、最大の予防です。その成長支援の最前線に立つのは教師です。この教師による成長支援を、ＳＣやＳＳＷの力を借りながら後方から支えるのが教育相談コーディネーターの役割です。

第8章

予防的教育相談と教育相談コーディネーター

本章では、第6章の図6で紹介した学校教育相談活動の3層のうちの「予防的教育相談」について述べます。

　予防的教育相談とは、放置すれば大きな問題に発展しかねない事態にいち早く気づき、支援策を考え、実行していく活動です。この領域の活動には多くの立場の人がかかわることになるため、教育相談コーディネーターがまさにコーディネーターとして機能することが求められます。

　ここでは、「ハイリスクな児童生徒・授業・学級のスクリーニング」「気になる事例把握のための会議とその準備」「援助の方法」「教師による予防的学校風土づくり」「子ども同士の支え合う人間関係の育成」「外部機関との日々の連携」という6つの観点から予防的教育相談について概観し、教育相談コーディネーターがそれにどうかかわればよいのかを解説します。

1 ハイリスクな児童生徒・授業・学級のスクリーニング

1）何をスクリーニングするか

　予防的教育相談では、ハイリスクな児童生徒を事前に把握し、手遅れにならないうちに手を打つことが求められます。そのためには、児童生徒一人一人のリスクを把握しておくことが必要になります。把握するべきリスクは、身体、パーソナリティ、社会性、学業、キャリアの発達の5領域におけるリスクです。

　リスクというと、いじめや不登校にかかわるパーソナリティや社会性の発達課題に関心が向きがちですが、体調不良の裏にメンタルな問題があったり、学業不振の裏に学習障害（LD）等の問題が隠れていたり、学業不振から不登校になったりします。つまり、発達の5領域の問題は相互に関係しあっているわ

けです。こうしたことから、ハイリスクな子どものスクリーニ
ングは、領域を問わずに行われる必要があります。

　また、個人の課題というよりは学級の問題が大きくて、子ど
もが不登校になることもよくある話です。そうした意味では、
個人だけでなく、授業や学級の状態をも把握する必要がありま
す。

２）スクリーニングの方法
〈各種の検査〉

　予防的教育相談で最も把握したいことは「学校適応“感”」で
す。学校でうまくいっていること自体は、「学校適応がよい」と
いうことです。「学校適応“感”がよい」とは、「学校でうまく
いっていると“本人が感じている”」ということです。

　適応も適応感もどちらも大事ですが、あえてどちらが大切か
といえば、「適応感」です。なぜなら、適応感がよければ、つぶ
れることはないからです。しかし、教師の目からは十分学校に
適応しているように見えても、本人が苦しんでいれば適応感は
低くなります。適応感はＳＯＳの程度を示すといってもよいで
しょう。適応感がかなり低い場合は、その必要性を判断してサ
ポートを提供する必要が出てきます。

　「学校適応感」を測定する尺度はいくつかありますが、私も広
島大学の先生方と一緒に「アセス」（６領域学校環境適応感尺
度）という尺度を開発しました（栗原・井上、2019）。この尺度で
は、６つの観点から、子どもが苦戦しているのはどの領域で、
どの程度なのか、いじめや対人関係上のリスクはどの程度なの
か、また、個人だけではなく、学級のリスクの程度と、家庭で
のリスクの可能性を測定できるようにつくられています。

　この他にも、発達障害に関する他者評定尺度のＳＤＱ、スキ

ルの程度を測定するKiSS-18（菊池、2007）、学級の状態と教師の
リーダーシップスタイルとの関係を見る点に特徴があるＱ－Ｕ
（河村、2006）、個人の行動傾向や性格傾向を見るエゴグラム、自
尊感情尺度や自己効力感尺度など、利用価値の高いものも多く
あります。高校生くらいになると、心身の健康度を測るＣＭＩ、
抑鬱の程度を測定するＢＤＩなども必要かと思います。このあ
たりはスクールカウンセラー（ＳＣ）が詳しいので相談される
とよいでしょう。これらのなかには、市販されているものもあ
れば、無料で使えるものもあります。

　重要なのは、何をアセスメントするのかをあらかじめ決めて
おいて、必要なものを準備しておくということです。

〈アンケート〉

　次にアンケートです。アンケートは、各種検査のような理論
背景を持つものというよりは、実態把握のためのものです。生
活アンケートや全国学力・学習状況調査、いじめアンケートな
どがこれに当たります。近年は、いじめの早期発見・早期対応
が求められていますが、文部科学省によれば、いじめの発見は
いじめアンケートによるものが52.8％で最も多くなっており
（文部科学省、2019b）、アンケートの重要性がわかります。

　アンケートは学校独自に実施することができますので、質問
項目を追加することもできます。関係の先生方やＳＣ、スクー
ルソーシャルワーカー（ＳＳＷ）と協議して、学校や子どもの
支援ニーズを見いだすことのできるよいアンケートを作成して
ください。なお、アンケートと各種検査は、あわせて使うと１
つの事象を多面的にとらえられるので、予防策を考える上で非
常に効果的です。

〈その他の資料〉

　この他にも、次のような資料も有益かもしれません。

①ジェノグラムとエコマップ　ジェノグラムは、何代かにわたる家族関係を図式化したものです。エコマップは、子どもやその家族の周辺にどんな社会資源があり、どんな関係なのかを描き込んだ図で、福祉領域では一般的に活用される基本的なものです。チーム会議を行う際には非常に役に立ちますし、協議をする際の基礎資料になります。なお、教育相談にかかわる資料はどれもプライバシーにかかわるものですが、このジェノグラムやエコマップも家族の情報をかなり含みますので、厳重に管理する必要があります。

②「自分史」　自分の過去を振り返って作文形式で書いたものです。書くという作業を通じて子ども自身が自己理解を深めるという意味と、児童生徒理解の材料として活用するという面があります。実際に書かせてみると、内容ももちろん参考になりますが、書いた分量が極端に少なかったり、小さい字だったり、読めないような薄い字だったりする場合、かなりの割合で何らかの問題がその後の学校生活で起こっています。面接資料として活用することも有益です。

③ＳＣＴ（Sentence Complete Test：文章完成法テスト）　「父、母、家では、私、将来、この頃」といった刺激語の後ろに自由に文章を書くようになっています。ここに書かれた文章を読むと、生育歴とともに、当時の家族関係や自己像などが見えてきます。

④絵画・作文・作品の写真など　特に小学校段階では言語による質問紙検査には限界がありますから、絵画や作品などの有効性は高いです。バウムテスト（樹木画）、ＨＴＰテスト（家・木・人の画）、風景構成法なども、大いに役に立ちます。実物の保存はできなくとも、写真で保存することは簡単です。

⑤学校生活の記録やデータ、エピソード記録　遅刻や欠席だけで

はなく、指導要録には書けない服装や授業態度の変化等の記録、各種のアンケートや検査結果などを保存しておきます。このことについては、以下に詳述します。

2 気になる事例把握のための会議とその準備

1）資料化

　以前、発達障害のある子どもの保護者が、「担任が替わるたびに一から説明しなければならず、それを繰り返してきた。引き継ぎはされていても、ネガティブな部分だけ…。"うちの子だって、ゆっくりかもしれないけれど成長しているんです！"と言いたくても、迷惑をかけていると思うと言えない。正直、心が折れそうになる」と、涙ながらに私に語ってくれたことがあります。

　保護者にこうした思いを抱かせるようなことが絶対に起こらないようにするのが、教育相談コーディネーターの仕事です。そのためには、前項で述べたようなさまざまな検査や記録を「資料化」することが重要です。第2章で紹介した教育相談コーディネーターの主要業務（教育相談等に関する調査研究協力者会議、2017）の「⑥個別記録等の情報管理」とは、このことです。

　資料化の対象をハイリスクな子どもに限定するのか、すべての子どもにするのかは、学校ごとに決めてよいと思います。しかし、不登校は「誰にでも起こりうる」ことを考えれば、私としては、全員のデータを資料化することをおすすめします。私が高校教員だった頃にはそうしていましたし、実際、多くの先生が「ちょっと、A君のことで気になることがあるんだけど、去年の資料とか残ってるかな」と言って相談室に来室してきま

した。資料化を進めるということは、子ども理解に基づいた支援と学校づくりへとつながっていくのです。

　これも私自身の経験ですが、ある保護者と担任との関係が危機的になったことがありました。私は、Ａ４判ファイル１冊分のその子の支援記録を持参して、担任と一緒に家庭訪問をしました。そのファイルを手に取ったとき、保護者の怒りは「これほど支援してくださってたことを知りませんでした。ありがとうございました」という言葉に変わりました。

　なお、資料には、服装・授業態度の変化等の記録、各種のアンケートや検査結果以外にも、指導のヒントになるポジティブな情報や、印象に残ったエピソードもしっかり記録しておきたいものです。

　ハイリスクな子どもであればあるほど、年度替わりの環境の変化はリスク要因になります。だからこそ、資料化を進め、その蓄積された資料に基づいて、新しい担任が十分な子ども理解をした上で新年度を迎えるようにします。

２）リスト化

　資料化の次は、「リスト化」です。

　ある中学校では、欠席・遅刻・早退の多い生徒だけではなく、身体的疾患がある生徒、小学校時代に不登校傾向だった生徒、不登校や非行歴のある兄姉等がいる生徒、アセスで要支援領域に入った生徒、学習のつまずきが大きい生徒など、発達の５領域におけるハイリスクの生徒がリスト化されています。そして、これらの生徒の直近の情報は、月１回開かれる「気になる事例の実態把握会議」で報告され、必要があれば、いち早い対応につなげています。対応の結果、リスクが遠のいたと判断されれば、リストから除かれていきます。

3）事例把握会議の開催

「気になる事例の実態把握会議」と書きましたが、「児童生徒の教育相談の充実について（報告）」(教育相談等に関する調査研究協力者会議、2017) のなかでは「気になる事例把握のための会議」と書かれていますので、以下、事例把握会議とします。

この会議の開催は、教育相談コーディネーターの主要業務の1つです。また、この会議は、第5章6の「コーディネーション」で紹介した石隈 (1999) の言う「恒常的に機能する教育相談委員会などのコーディネーション委員会」に相当するといってよいでしょう。

できれば週1回、定期開催し、ここで「事例把握と対応策の検討」を行い、難しい事例の場合はケース会議に回すことになります。

事例把握会議実施までの最初の関門は、「あれはただの怠けだから」とか「もう少し担任としてやってみたい」といった担任としての判断が優先され、会議にかける基準が担任まかせになってしまうことです。そうした判断の背後には、自分の領域を侵害される不安や、力量不足と思われるのではないかという不安、担任としてまだできることがあるのではという責任感などがあるのかもしれません。それは理解できますし、教育相談コーディネーターとしても担任との衝突は避けたいのですが、それを認めてしまうと、適切な指導や支援のタイミングを逃してしまうことになります。

こうした事態を避けるためには、例えば、「延べ欠席日数が3日、6日、9日目には、理由にかかわらず、必ず会議で検討する」といったルールを決めて共有することが必要です。

事例把握会議では、ほとんどが「問題なし」となります。それでもみんなの目で見ることに意味があります。子ども理解を

共有し、みんなで子どもを見守るという方向性が確認できるからです。

3 援助の方法

1）丁寧なかかわり

　ハイリスクな子どもに対する対応の基本は、丁寧なかかわりです。当たり前のことですが、一番大切です。「声をかける」「ちょっとした話をする」「提出物に少し丁寧にコメントを書く」などです。

　温かなコミュニケーションが日常的に交わされ、「自分は大切にされている」と感じることができれば、子どもたちは自らの内にあるパワーを活性化し、自分の問題を乗り越えていくことができるからです。

2）環境の調整

　もう1つの基本的なかかわりは、子どもを取り巻く人的環境、物的環境の調整です。人的環境や物的環境が変わった結果、子どもの様子が改善することはよくあることです。例えば、孤立傾向にある子どもに対して、クラスメートと一緒にやる作業を頼むとか、教室の座席配置を工夫するとか、いろいろな手が考えられます。

　こうした活動は、教師は特に教育相談とは意識しないでやっている場合も多くあります。「子どもを理解し、子どもの立場に立って、いろいろ手を尽くすことが、教師ならではの教育相談活動なんだ」ということを、先生方に理解してもらい、自覚的に行動してもらうことが大切です。

3）個別・グループでの定期的なおしゃべり

　特別支援のニーズがあったり、何らかのリスクを抱えていたりする子どもの場合、何か理由をつけて、個別に、あるいは数人の友達を集めて一緒におしゃべりをするだけで、リスクを相当に低減できます。

　そのポイントの1つが「定期的」ということ、もう1つが「教師が話の交通整理をする」ことです。例えば、学期に3回程度の「おしゃべり会」を設定すれば、何か問題があっても「次に会ったときに話せるから」という安心感や、新しい人間関係、受容されることによる自尊感情などが育っていきます。友達同士のおしゃべりでは聞き役ばかりの子どもも、教師が交通整理をすることで、自分の思いを語ったりします。それがよく知っているメンバーであったとしても、新しい人間関係につながっていきます。

　こうした取組を担任や教育相談コーディネーターがやることで、ハイリスクな子どもが問題状況に陥るのを予防できます。

4）グループカウンセリングとＳＥＬ

　「おしゃべり会」の延長線上にあるのが、グループカウンセリングです。心理的・社会的な問題の背景には、人間関係のなかでの傷つき体験が潜んでいることが多く、その体験を通じて懐疑的になったり、臆病になったり、無気力になったりしています。第5章6の「カウンセリング」でも紹介しましたが、そうした子どもたちにとって、同年代の友人に話したいことを話し、その思いを聞いてもらって共感してもらえる体験は、驚くほど強力です（川俣・栗原、2003、2007）。あまり用いられていない方法ですが、それほど難しくありません。やってみられることをおすすめします。

また、そうしたかかわりのなかで子どものつまずきが見つかれば、「じゃあ、次は○○の勉強会をやってみようか」といった形で、個別やグループでのＳＥＬ（Social and Emotional Learn-ing：社会性と情動の学習）に持ち込んだりします。

4　教師による予防的学校風土づくり

1）教師のサポート力の開発

　いじめ発見のきっかけの第２位は、担任による発見で10.6％です（文部科学省、2019b）。ちなみにＳＣ等の相談員による発見はわずかに0.2％です。このことは、担任の観察の重要性を示しているわけですが、一方で、担任が見つけるのはいじめ全体の１割にしかすぎず、教師は気がついていないということもできます。

　これは不登校にも当てはまります。質問項目が違うので直接的な比較はできないのですが、文部科学省が学校に対して行った調査のデータ（文部科学省、2018）では、中学生の学業不振を要因とする不登校は21.8％ですが、不登校の子どもを対象に行われた日本財団のデータ（日本財団、2018）では、「授業がよくわからない・ついていけない」という回答が49.9％でした。「友人関係をめぐる問題」を要因とする不登校は、文部科学省のデータでは28.2％なのに対して、日本財団のデータでは「友達とうまくいかない」が46.1％でした。

　このことから、教師は、子どもの学業上のつまずき、人間関係の悩みといったものに、十分には気がついていない実態が浮かび上がってきます。気がつかなければ、サポートのしようがありません。教師が問題に気がつき、サポートを提供する力を

つけることが必要です。

2）子どもや保護者との信頼関係づくり

　同様に、文部科学省が学校に対して行った調査のデータ（文部科学省、2018）では、中学生の「教職員との関係をめぐる問題」は不登校の要因の2.2％ですが、日本財団のデータ（日本財団、2018）では、「先生とうまくいかない／頼れない」と回答している子どもが38.0％でした。

　ほとんどの教師が誠実に頑張っているのにこうした数値になっているのは、子どもや保護者の思いや困難さに対する教師のくみ取りが十分ではなく、「教師の思いや考え」が空回りしている結果ではないかと私は考えています。まずは、子どもと保護者の思いを理解することが重要です。その理解が有効なサポートを可能にし、信頼関係を生み出していくのです。

3）相談を後押しする活動

　学校では、三者面談や保護者面談などの機会があると思いますが、その面談がより有益なものになるようにサポートすることも、予防的教育相談における教育相談コーディネーターの重要な役割の１つです。私自身も、同僚の先生方に「何か資料、ないの？」と聞かれて、「傾聴７割・話３割」とか「子どものよいところを３つ用意しておきましょう」「保護者をねぎらいましょう」といった“面接のコツ”を書いた資料や、保護者向け資料などを用意していました。これからは、相談室の使い方やＳＣやＳＳＷの紹介などの資料も必要になります。

　ある研究では、教師の指導が子どもたちに届く前提は、教師への信頼であることがわかっています。信頼関係が教育的指導

を可能にするのです。その信頼の前提は、サポートの提供でした。そして、このサポートを可能にするのは、ニーズへの気づきなのです。だからこそ、教師の感受性とサポート力が重要なのです。

　学校の風土をつくるのは、まずは教師です。ですから、教師には、子どもや保護者の声に耳を傾け、ニーズに応える姿勢を持ち、実際に支援できるように、観察力や感受性、コミュニケーションスキルやトラブルへの介入スキルなどを習得することが必要になります（池島・竹内、2011）。教育相談コーディネーターは、こうした点を意識して研修や支援を充実させ、予防的風土づくりに取り組んでいくことが求められます。

5　子ども同士の支え合う人間関係の育成

1）思いやりを育てる

　第4章で紹介したソーシャルボンド理論では、非行や不登校は社会集団からの離脱であり、それはソーシャルボンドの不十分さに起因すると考えます。つまり、ソーシャルボンドづくりが非行や不登校の最大の予防策ということです。では、実際の子どもたちのソーシャルボンドは豊かなのでしょうか。

　いじめは、子どもと子どもの間で起きます。ですから、仮にいじめが生じれば、その事実を知る子どもの数は少なくないはずです。しかし、子どもからの情報でいじめが発覚するのは、わずか3.5％です（文部科学省、2019b）。つまり、いじめられている友人を「大多数の子どもは助けない」のです。これは不登校にも当てはまります。不登校になった友人を「大多数の子どもは助けない」のです。

いじめも不登校も生まれない学級集団をつくり出すことこそが、いじめや不登校の最大の予防策です。「教師が不登校といじめの芽を探し、教師が対策を練る」ことが、本来の不登校・いじめ予防ではないはずです。そのためにまず取り組むべきは、子どもたちに思いやりの心を育てることです。

　思いやりを育むプログラムはいろいろあります。私自身は、第10章で紹介するＰＢＩＳやＳＥＬを活用していますが、ＶＬＦというプログラムもあります（渡辺、2002）。なお、思いやりを育むためには、その前提として、自他の感情を理解する力や、他者の視点から物事を考える力などが必要になります。私も、この視点を大切にした「いじめ防止プログラム」という、6時間で構成される予防プログラムを作成しています（栗原、2013）。

　とりわけ自閉症スペクトラムの子どもは、こうした点に課題を抱えている場合が多くあります。だからこそプログラムによって、丁寧に教育していく必要があるのです。

　思いやりは、「思いやりを持ちなさい」という指導では育ちません。教育によって育てていくのです。

２）支え合う人間関係を育てる

　日本ではいじめの仲裁行動をとる子どもの割合が、小学校から中学校にかけて、学年の上昇とともに減少し続け、小学校時代には仲裁者だった子どもの多くが、中学校では傍観者に変わってしまいます。それはなぜなのでしょうか。思いやりを失ったのでしょうか。

　私は、思いやりを失ったのではなく、年齢が上がり、対人関係が複雑化するなかで、自分がいじめの被害者になるかもしれないという不安や、「どうすればいいかわからない」という問題にぶつかり、行動化できなくなっているのではないかと考えて

います。

　ですから、思いやりの心が育ったら、次に身につけたいのは「支え合う」「思いやりを行動で示す」「仲裁行動をとる」ための具体的なスキルであり、支え合って生きるという、人としての生き方です。

　こうした視点から授業や行事を見直してみると、学校の教育活動には「支え合う人間関係」を育てる活動として再構成できるものが豊富にあります。例えば、「主体的・対話的で深い学び」を具現化するための協同学習、異学年交流、新入生歓迎行事、委員会活動など、枚挙にいとまがありません。日本でも広がりつつあるピア・サポートプログラムはその典型でしょう。

　「予防するのは教師の仕事」と思っていませんか。そんなことはありません。子ども同士が情緒的につながっていて、支え合うスキルと意思を持っていれば、教師が手を出さなくとも、子ども同士で支え合っていくのです。「支え合う子ども同士の関係を育むのが教師の仕事」なのです。

6　外部機関との日々の連携

　2011年に「学校と関係機関等との連携〜学校を支える日々の連携〜」（国立教育政策研究所生徒指導研究センター、2011）という生徒指導資料が出ています。このなかで連携には、健全育成やネットワークの構築等のために行う「日々の連携」と「緊急時の連携」の２つがあるとしています。

　「日々の連携」にも「緊急時の連携」にも、それぞれ予防的な面と問題解決的な面があり、単純化はできないのですが、後者の「緊急時の連携」については第９章に回し、ここでは健全育

成やネットワークの構築等を目的とした日々の連携先として、特に2つの機関を取り上げてみたいと思います。

1）適応指導教室やフリースクール

　不登校の子どもを受け入れている施設として、公的機関の適応指導教室や民間のフリースクールがあります。学校には教育目標や教育課程があり、その学齢に応じた到達すべき水準もありますし、受験や進級もあるため、どうしても子どもに対する要求が高くなりがちですが、フリースクールにはそうした縛りがありません。そのため、個々の子どもの実態からスタートし、子どもの主体性を尊重して、待ちの姿勢を大切にしながらかかわっている機関が多いようです。その結果、直接的に学校復帰を目指さなくても、居場所を獲得し、情緒的に落ち着きを取り戻し、自信をつけて学校に戻ったり、進学という形で学校に復帰したりする子どももいます。

　適応指導教室やフリースクールにはいろいろなタイプがありますが、私は、学校復帰支援タイプ、居場所提供タイプ、専門的支援タイプ、合宿タイプの4つに分けています。また、学校に対するスタンスもさまざまで、学校とは一線を画しているところもあれば、学校と日常的に連携をして、いつでも学校に戻っても大丈夫なように授業の進度を合わせたり、行事などの機会をとらえては部分登校を支援したりしているところもあります。学校に協力的なところも少なくありませんので、子どもが利用している場合は、関係者が支援の目標や情報を共有しながら、ともに子どもの成長のために協力していくことが重要です。

2）放課後等デイサービス

　2012年から、小学生から高校生までの障害のある児童生徒を

対象として、放課後や長期休業等に子どもの療育を行う「放課後等デイサービス」が始まりました。ちなみに、就学前の子どもを主な対象としたサービスは児童発達支援といいます。

　施設によって違いはありますが、専門性の高い施設も増えてきています。私も、ある放課後等デイサービスの運営に携わるなかで、特別支援のニーズのある子どもたちは、学校で本当に努力しているということを今まで以上に理解できるようになりました。不登校や不登校傾向の子どもも少なくないため、いろいろな工夫をしながらかかわっています。担任や特別支援教育コーディネーターの先生が来て、学校と互いの情報を共有化し、方針をすりあわせ、役割を相互理解することで、子どもの状態がずいぶんと改善したケースや登校できるようになったケースも少なくありません。逆に、連携を申し入れても学校側の理解が得られず、「学校と考え方を共有できたらずいぶんと変わるだろうに」と思うことも多くあります。

　放課後等デイサービスは、障害のある子どもが毎日のように利用する施設でもあり、連携によって大きな成果を上げることのできる重要な機関の１つです。ぜひ覚えておいてください。

＊

　問題解決的教育相談が消火活動だとすれば、予防的教育相談は火災予防です。予防がうまくいったら、何か変化があるかといえば、消火活動のように火が消えるといったはっきりとした成果は期待できません。そういう意味では、地味で、地道な活動です。しかし、問題が起こらない学校こそ、最も優れた実践が行われている学校です。そういう学校をつくることを念頭に学校内外のコーディネートをしていくのも、教育相談コーディネーターの重要な役割です。

第9章

問題解決的教育相談と教育相談コーディネーター

本章では、第6章の図6で紹介した学校教育相談活動の3層のうちの「問題解決的教育相談」について述べます。

　問題解決的教育相談とは、いじめ、不登校、暴力行為、非行等の問題に対処するための活動です。この領域の問題が生じたときに対応するのは、スクールカウンセラー（ＳＣ）やスクールソーシャルワーカー（ＳＳＷ）、専門機関だけではありません。担任にも、場合によっては、友達や保護者にも、すべての関係者に役割があります。

　ここでは、「校内チーム支援」「緊急時の連携」「外部の専門機関と連携する際に重要なこと」「拡大ケース会議」「守秘の問題」「ケース会議の新しい波」という視点から問題解決的教育相談について概観し、教育相談コーディネーターがそれにどうかかわればよいのかを解説します。

1　校内チーム支援

　第8章2で「事例把握会議」について概観しました。この会議で、より丁寧な支援が必要と判断された場合には、そのケースに中心的にかかわる数人で構成する「コアチーム」を結成し、そのチームが「ケース会議」を開いて詳細を決定し、まさに、支援の核として、支援の全体をマネジメントしていくという流れにするのがよいと思います。そして、このコアチームの中心に位置してチーム支援をリードするのが、教育相談コーディネーターです。

　まず重要なのが、コアチームのメンバーの選定です。人数が多すぎると機動性に欠けます。経験的には4人までなら集まりやすいです。ですので、教育相談コーディネーター、ＳＣ、担

図9　ケース会議の司会のポイントとコツ

	会議の内容のポイント	会議の進行のコツ
①情報の共有 10分	・事例の概況を理解しよう ・担任の「困っている点」と「気持ち」を確認しよう	・傾聴したら、司会がリードして質問する ・担任の思いを聞き取る
②理解の共有 5分	・原因分析だけでなく、問題が維持されている理由も探ろう	・間違っていても、後日修正すればよいので"今のところの仮説"くらいの気持ちで ・ＳＣやＳＳＷの意見を確認する
③方針の共有 5分	・どうなったら「うれしい」のかが大事 ・本人には？　学級には？　保護者には？ ・当面の具体的な「ゴール」をまず決める	・"ここ数週間の方針"くらいの気持ちで ・方針を2〜4個。保護者には、「クラスには」「本人には」…といった感じで説明する
④役割の分担（具体的支援策の検討） 17分	・まずはアイデアを産出しよう〈変化のために必要なものは？〉〈本人の願い、行動の目的は？〉〈本人や周囲のリソースを大事に〉 ・実行可能な解決案に練り上げる ・誰が、いつ、何をやるのか（分担）	・ブレーンストーム。量が勝負！ ・統合の観点 ・担任を支えるという視点で
⑤次回の会議日時の決定 3分		・会議の曜日と時間を決めておくとラク ・守秘の確認

任が中心で、ケースによって学年主任、養護教諭、生徒指導主事が加わる形が、機動性が高いと思います。なお、小学校や小規模校の場合は、教頭が教育相談コーディネーター役を務めることが多いようです。

　ケース会議とは、基本、作戦会議です。会議の内容は、①情報の共有、②理解の共有（アセスメント）、③方針の共有、④役

割の分担（具体的支援策の検討：誰が、いつまでに、何をするか）、⑤次回の会議の日時の決定、の５つです。重要なのは、この①から⑤までのステップを必ず踏むということです（図９参照）。「理解の共有」や「方針の共有」で終わってしまったり、ましてや「情報の共有」で終わってしまっては、担任は「忙しいなかで資料を準備したのに、何の光も見えない」という事態になり、徒労感だけが残ります。

　それを避けるためには、時間配分が非常に重要です。会議自体は40分以内が理想です。その時間のなかで①〜⑤を終わらせるためには、「①情報の共有」段階はどんなに長くても15分を超えないことです。その他の留意点としては、「②理解の共有」段階ではＳＣやＳＳＷに活躍してもらうこと、「③方針の共有」段階で立てる方針は「当面、こんな方向でやってみましょう」といった暫定的なものでよいということです。重要なのは、まずは動き出して、その動きへの反応を見ながら、アセスメントと方針を修正していくという現実的な考え方をするということです。

2 緊急時の連携

　校内チーム支援でうまく対応できている場合はいいのですが、学校内だけでは対応しきれないケースもあります。こうしたケースでは、外部の専門機関と「緊急時の連携」を行うことになります。

　生徒指導資料「学校と関係機関等との連携」（国立教育政策研究所生徒指導研究センター、2011）には、その連携先として、警察、家庭裁判所、少年鑑別所、保護観察所、児童相談所、児童自立

支援施設、民生委員・児童委員、民間団体等の機関が挙げられています。学校種別の連携事例やマスコミ対応の仕方等も紹介されています。無料でダウンロードできますので、手に入れてください。この資料を読んでいただけると、連携のイメージができると思います。

　なお、同資料には掲載されていませんが、大学で相談室を設けているところも少なくありませんので、近くに大学がある場合は活用されるとよいでしょう。

　ただ、「どの機関と、どのように連携すればよいのか、よくわからない」という場合がほとんどではないかと思います。そういう場合は、状況を整理した上で管理職に相談し、管理職から教育委員会に相談をするというルートが現実的です。

　専門機関と連携するメリットは、多くの事例を見てきたことによる的確なアセスメントと、それに基づく見通しの提供、そして具体的な支援です。その結果、学校としても抱え込むことがなくなり、過度な負担も軽減され、実質的にも、心理的にもずいぶんと楽になります。

3　外部の専門機関と連携する際に重要なこと

1）個々の専門機関をよく知っておく

　専門機関は「専門」がはっきりしているため、できることとできないことがはっきりしています。また、同種の機関であっても、実際には、個々の機関によってかなり違います。ですから、専門機関と連携する際に第1に重要なのは、「個々の専門機関をよく知る」ことです。

　例えば、メンタルな問題といっても、児童精神科、思春期外

来、精神科、心療内科等があり、対応できるケースもかなり違います。実際に連絡を入れると、「カウンセラーの出勤は水曜日だけ」「カウンセラーが男性なので、女性の方はやめたほうがいいかも」「認知症の患者さんがほとんどです」「うちは投薬が中心なので」といった詳細な情報が手に入ります。

　連携についても、スタンスは多様です。「守秘義務が前提なので、相談内容は一切教えられません」というところもあれば、「ぜひ、学校の情報を教えてください。こちらも詳細をお伝えすることは難しいけれども、質問にはお答えできます」というところもあります。

　外部の専門機関と効果的な連携をするには、このような「個々の専門機関を知る」ことが重要です。その上で、それぞれの子どもに合った専門機関を紹介することが必要になります。

２）組織と連携するのではなく、人と連携する

　外部の専門機関と連携する際に重要なことの２つ目は、連携とは「組織」とするのではなく、「人」とするのだということです。連携先をいくつか把握し、何人かの方と顔なじみになっておくと、困った事態が生じたときに「あの人に聞いてみよう」となりますので、連携が素早く、スムーズに進みます。

　そのためには、直接会って話をすることが一番です。もしそれができないならば、電話でもかまいません。緊急時にそれはできませんので、そうなる前に、地域の専門機関や連携の可能性の高そうな機関には出向いて話を聞き、いざというときにすぐ連絡がとれるようにしておくとよいでしょう。

３）日頃から緊急時対応の体制を整える

　外部の専門機関との連携する際に重要なことの３つ目は、

「緊急時対応の体制を整える」ことです。そのためにはまず、日頃から必要な情報は整理して書面で管理職に伝え、重要な判断は管理職が下し、その判断のもとでチームが動く体制を整えておく必要があります。

　そして、事例把握会議において問題解決的対応が必要になりそうな事例がある場合には、「最悪の事態」を「事前に」想定して、具体的な連携先を決めておいたり、リスク回避の方法についてシミュレーションし、対策を練っておくことが重要です。

　実行部隊はコアチームですが、管理職の判断と方針のもとに動く体制を整えることは、説明責任を果たすことであり、学校や教育相談コーディネーターが責任を追及される事態を避ける上でも重要です。

　いじめの重大事態についてのニュースが流れることがありますが、そうしたニュースを聞いていると、こうした準備が不十分な学校が多いと感じます。

　次に重要なのは、その事例についてＳＣやＳＳＷの理解も参考にしながら、学校としての基本的な考え方をまとめておくことです。そうすれば、「学校としてはどのようにお考えですか」と聞かれたときに困ることはありませんし、校内の対応がバラバラになることもありません。

　そして最後に、窓口は原則的に教育相談コーディネーターに一本化することも重要です。いろいろな人が窓口になってしまうと、思わぬところで齟齬が生じてしまう場合があります。特に、警察が絡んだり、自死の問題が絡んだりしたときには、この齟齬が重大な影響を及ぼすこととなります。ですので、電話連絡があった場合も「すぐに折り返します」と伝えてもらって、教育相談コーディネーターが対応するのを原則とするのがよいでしょう。

4 拡大ケース会議：
緊急時の連携から日々の連携へ

　緊急時の対応がうまくいって事態がある程度落ち着いた場合には、基本的には校内チームで対応することになります。ただし、困難事例の場合には、「緊急時の連携」として開催された拡大ケース会議が「日々の連携」のための会議へと移行して定期開催されるようになることもあります。

　拡大ケース会議を開く場合、外部の専門機関との連携については、基本的にはＳＳＷが得意とする領域です。ただ、ＳＣのみの配置という学校の場合は、教育相談コーディネーターがまさにコーディネート役を担って、教育委員会やいろいろな機関との連絡をとるケースも出てきます。

　学校は、「支援対象は子ども個人で、目的は問題解決」と考える傾向があります。しかし、課題の大きい子どもほど困難な背景を持ち、幼い心と体では負いきれないほどの重荷を背負って学校に来ています。拡大ケース会議で福祉的な視点が入ってくると、支援の対象は子どもだけではなくその保護者や家族にも広がることがあり、問題解決というよりは、どうやって支えきるかという視点が前面に出てきます。その支援のために、情報と理解と方針を共有し、それぞれの機関が役割を分担して、支援ネットワークをつくって支えていくことになります。

　拡大ケース会議を学校が中心になって呼びかけた場合は、ＳＳＷか教育相談コーディネーターが司会をすることになると思います。慣れにもよりますが、学校の先生は司会の能力が高いと思います。臆せずに取り組んでください。

　拡大ケース会議の場合は、「理解の共有」と「方針の共有」が

できると、役割の分担はそれぞれの専門性があるので比較的スムーズです。実際の拡大ケース会議の進め方は、前述の図９のケース会議と共通していますが、時間は１時間半から２時間程度が多いようです。１時間半の場合は「情報の共有」と「理解の共有」に１時間くらいかけても大丈夫ですが、校内ケース会議以上に、「情報の共有」から「次回の会議の日時の決定」までのすべてをやることが重要になります。情報連携をベースに行動連携までもっていくことで、初めて連携は動き出します。

5 守秘の問題

1）守秘義務と集団守秘、通告義務、報告義務

　ある保護者が、ＳＣに相談に行きました。その面接後、担任は、今後の指導に活かせればと思って、ＳＣに「どんな感じでしたか」と尋ねました。ところがＳＣは、「守秘義務がありますので」と言って何も教えてくれなかったそうです。担任は激怒し、「なので、私も守秘義務があるので、ＳＣには何も教えないことにしました」と言っていました。

　自傷他害のおそれが深刻なケースを除き、相談の秘密は守られるというのが守秘義務ですが、一方で、情報の共有がなされなければ、チーム支援が成り立ちません。この矛盾をどう解決したらいいのでしょうか。

　これにはすでに答えがあります。１つ目は「集団守秘」です。これは、スタッフ間では情報のやりとりを認め、支援者集団として秘密を保持するという考え方です。基本的に、ケース会議はこの考え方に立って進めます。

　２つ目は「通告義務」です。例えば「児童虐待の防止等に関

する法律」には、「虐待を受けたと思われる児童を発見した者」は、「速やかに」「児童相談所に通告しなければならない」とあります（第6条）。

　3つ目は「報告義務」です。学校は、いじめ等の重大事態について、地方公共団体の長に報告する法的義務を負います。ですので、校長が知らないわけにはいきません。

　このように、通告義務や報告義務は、守秘義務に優先します。子どもの支援にあたっては、守秘の重要性を最大限尊重しながらも、通告義務や報告義務の存在、そして、集団守秘が会議やチーム支援の原則であることを踏まえて行動することが求められます。

2）運用上の留意点

　ただし、守秘の問題に関しては、私は以下の3つの点に留意する必要があると思っています。

①秘密保持について、ケース会議ごとに毎回、そのルールが破られた場合の壊滅的な打撃についても触れながら、丁寧に説明する。

②「秘密が保持されるからこそ語ってもらえることがある」ことの重要性を忘れてはいけない。集団守秘であったとしても、公開する情報は必要最小限にするべき。

③いくら守秘を徹底しても、「秘密は漏れることがある」という前提に立ったほうがよい。実際、秘密が漏れたり、感づかれたりすることは、日常的に起こっている。

　そこで重要なのは、秘密の出し方を、出す対象によって変えるということです。例えば、重篤な病にある子どもの場合、一般の先生方には「体調が相当に悪いので、授業中に机に伏しているかもしれません。それはサボっているわけではありません

ので、見守っておいてください。本人には『耐えられなければ、先生に保健室に行きたいと言いなさい』と指示してあります」といった具合です。体育の先生には、もう少し詳しくお話しします。養護の先生や学校長にはさらに詳しく、必要があれば事実そのものを伝えるという具合です。

　「どうしても伝えないと本人に大きな不利益が生じてしまうことのみを、可能な限り詳細は述べずに、エッセンスだけを伝える」ということです。私はこうしたやり方を「段階的守秘」といっていますが、こうすることで、守秘義務を最大限大切にする、ということを意識しています。

3）本人が「秘密を秘密にしない決心」をする意味

　守秘の問題をめぐって、もう１つ、私がやっていることがあります。例えば面接場面で、「この情報は、Ａさんと共有したほうがこの子のためになる」と思った場合に、「この情報は、Ａさんには知っておいてもらったほうが君のためになると思うんだけど、Ａさんに伝えていいかな」といった具合に、本人の許可をとるということです。

　最初はほとんどの子どもが「え〜、イヤだ」と反応しますが、説明していくうちに、10人中７〜８人は「こういう言い方ならいい」となります。「それはイヤだ」となった場合は、「わかった。じゃあ、このことは秘密にしておこう。約束は守るよ」といった形で終わります。深追いは禁物です。

　こうしたやり方をしているうちに気がついたことがあります。相談に来る子どもの多くは、友達や周囲にＳＯＳを出せません。しかし、こうしてカウンセリングのなかで「秘密を秘密にしない決心」ができると、実際の人間関係が改善し、成長することが少なくないということです。「じゃあ、秘密にしておこ

う」となった子どもも、そうすることで「尊重された」と思うようで、面接自体はよい方向に展開することが多いですし、後日、「やっぱり、Ａさんには話してもいいよ」と言ってくることもあります。こうやって、「一人で背負って何とか倒れないように頑張る人生」から、「支えられたり支えたりする人生」へと移行していくわけです。

　秘密は、保護者や子どもの核心に触れる部分を含んでいます。集団守秘だからといって扉の中身を勝手に他者に公開してしまうことや、カウンセリングのなかで秘密の扉をこじ開けるようなことはあってはいけません。その一方で、「秘密という扉」は「開かれた人間関係への扉」であり、「解放された世界への扉」でもあります。だから、「その扉、開けてみてもいいんじゃないかな？　君自身のために」と問いかけたり、「開けるとしても一気に開けるのは怖いよね。どのくらい開けてみる？」と話し合ったりすることは、意味のあることだと私は思っています。

6　ケース会議の新しい波

1）オープンダイアログ

　ここまで解説してきたケース会議や拡大ケース会議は、支援の専門家が集まって、それぞれの視点から見て、何が今のベストかを検討し、そのベストの支援を専門家が提供するという、いわば“専門家モデル”です。

　これをひっくり返してしまうケース会議のやり方があります。それがオープンダイアログ（斎藤、2015）です。誤解を恐れないでいえば、ケース会議に子ども本人やその家族を入れて、当事者を含めた参加者が対等の立場で対話をするというやり方です。

この手法はフィンランドで生まれ、かなり劇的な効果を上げたようです。日本でも精神科医療で一部取り入れられつつありますが、学校現場ではおそらくほとんど実践されていないのではないかと思われます。

　このアプローチを知ったときはかなり衝撃を受け、「そんなこと、許されるのか？」と思いましたが、その後、徐々に、「結構、有効かもしれないぞ」という思いに変わっていきました。

　なぜかといいますと、私は、自分の実践を通じて「クライエントの自己成長力への信頼こそが重要」で「クライエントこそ専門家」と考えるようになっていました。ですので、面接場面でも、「今、A案とB案の2つの解釈が頭に浮かんだんだけど、どっちが当てはまる？」とか「CとDのどっちから話し合うのが、あなたにとってプラス？」と聞いたりしていました。それは、そのことによって、クライエントとカウンセリングプロセスを協働構築するという意識から行っていたのですが、その効果を感じることが多かったからです。

　さらに近年では、医療の世界で「インフォームドコンセント」が浸透してきています。そうしたことから、「これを推し進めたらオープンダイアログになるのかなぁ」と思っていたわけです。

2）オープンダイアログもどきの実践と可能性

　そんなある日、ある学校に不登校の子どもへの対応についてコンサルテーションにうかがった際、その学校の先生が「実は今、隣の部屋に保護者と本人がいるんですよ」と言い出しました。そこで私が、「だったら、ここに加わってもらって、一緒に話し合いましょう」と提案したのです。先生方はかなり目を丸くしていましたが、その場で「オープンダイアログもどき」がスタートしました。

30分ほどの話し合いの後、子どもと保護者を見送り、先生方の感想をうかがいました。その感想は、「いつもは黙っているのに、あの子があんなにしっかり考えているとは思わなかった」「子どもを尊重して学校が動いていることを保護者の方が感じてくれたようだ」「本人も親も納得しているので、迷わずに実践できそう」「一緒にやっている感がある」といったものでした。このケースは、実際、短期間で解決に至りました。

　数年後、この学校を再訪したのですが、その後もずっとオープンダイアログもどきの実践を続け、高い効果を上げていました。この技法は、シンプルでありながら強力で、しかも学校風土になじみやすいものだと感じています。闇雲にやればいいというものでもありませんが、「この保護者なら、この子ならやれそうだな」と思える事例はあるかと思います。ぜひ取り組んでいただいて、新しい問題解決的教育相談の手法を確立していただきたいと願っています。

7 相談室運営と別室運営

1）相談室運営

　ここまで何度か紹介してきた「児童生徒の教育相談の充実について（報告）」（教育相談等に関する調査研究協力者会議、2017）では、教育相談コーディネーターの主要業務として「①ＳＣ・ＳＳＷの周知と相談受け付け」「③ＳＣ・ＳＳＷとの連絡調整」「④相談活動に関するスケジュール等の計画・立案」「⑧校内研修の実施」といった内容も挙げられています（第2章4参照）。また、校内研修会のテーマ例としては、「ＳＣ、ＳＳＷの役割や、学校としての活用方針を（中略）共通理解できるようにする」が挙げ

られています。つまり、教師がＳＣやＳＳＷの役割や業務を理解し、学校内でＳＣやＳＳＷのリソースを十分に活動できるように体制を整えることが、教育相談コーディネーターの重要な業務ということです。

　問題解決的教育相談においても、保護者への周知、教職員の協力体制の構築などを含め、相談室運営の円滑化を図ることが重要になってきます。

２）別室運営

　不登校までは行かないけれども、不登校傾向のある子ども、教室に入れない子ども、特別支援のニーズがあって教室から抜け出す子どもなど、常時教室で過ごすことが難しい子どもは少なくありません。こうした子どもに対して、別室を用意している学校は多いでしょう。

　教室ではなく別室なら学校に来られるということは、教室にいることがつらいということです。その理由は、教室内の人間関係かもしれませんし、学習についていけないからかもしれません。聴覚過敏があって授業開始時と終了時の号令と椅子の音に耐えられなくて別室で過ごした子どもも、私は知っています。理由はいろいろです。

　不登校や不登校傾向というと心の病と考える先生もいますが、そんなことはありません。不登校もしくは不登校経験のある子どもの42.9％が、「学校に行く意味がわからない」（日本財団、2018）と考えています。

　実際、中学校まで不登校だった子どもが、高校入学後には皆勤賞をとるという事例も少なくありません。そうした子どもと話してみると、「今の生き方ではいけないと思った」「大学に行きたい。そのためには高校に行かないと」という、生き方にか

かわる回答が非常に多いです。

　このことは、不登校が単純な適応の問題や心の病ではなく、生き方にもかかわる問題でもあることを示唆しています。「不登校ならば、心理的ケアの提供」ではないのです。ニーズは一人一人違うのです。

　この別室の運営を担当するのは、教育相談コーディネーターが適任でしょう。それは、上のケースでもわかるように、不登校や不登校傾向のある子どもをはじめ、別室にいる子どもは、適応支援の対象であるとともに成長支援の対象であり、子どものアセスメントに基づきながら必要な支援を見極め、学校が持つリソースをコーディネートしてかかわることが求められるからです。別室は、学校の総合的な支援力が問われる場です。

8　教育・心理・福祉・医療をつなぐ

　教師にとって、心理や福祉は未知の世界です。それと同様に、ＳＣやＳＳＷにとっては、教育、教師、学校が未知の世界です。

　教育相談コーディネーターには、教師が心理や福祉や医療を、ＳＣやＳＳＷが教育を理解できるように、教育と心理と福祉、そして医療の通訳者になるという視点が必要です。そうすることで相互理解が可能になり、連携が本物になっていくのです。先ほどの柱と梁の話を思い出してください。

　そのためには、教育相談コーディネーターには、教育・心理・福祉・医療、これら４つについての一定水準の知識や理解が求められます。それらを自分のなかで統合できたとき、本物のコーディネーターとして成果を上げられるようになるのです。

第10章

実践モデル：：マルチレベルアプローチ（MLA）

最終章では、私がいくつかの自治体と協力して実践している
マルチレベルアプローチ（Multi-level Approach：ＭＬＡ）というプ
ログラムを紹介します。

　実践にはいろいろな形がありますし、あるべきだと思いま
す。その一例としてお読みいただければと思います。

1　成長支援のための基本プログラムと校内体制

1）個を育てるプログラム

　私がかかわっている教育委員会や学校では、4つのプログラ
ムを実践してもらっています。そのなかで、個人に焦点を当て
ているのが、ＳＥＬ（小泉・山田、2011）とＰＢＩＳ（栗原、2018）
です。

　ＳＥＬ（Social and Emotional Learning：社会性と情動の学習）は、
欧米や東アジアの学校では、すでに基本的なプログラムとして
広く実践されています。私なりに説明すると、自分や他者の気
持ちや価値に気づき、それらを大切にする自己決定を行い、そ
の決定を遂行できるように自己コントロールしながら、適切な
人間関係を結び、問題を解決しながら生きていくスキルを養う
学習で、年間10時間を基本として実践してもらっています。

　ただ、スキルは重要ですが、人としての在り方・生き方は、
それ以上に重要です。そこでＭＬＡでは、「望ましい在り方・生
き方とその行動」をＰＢＩＳ（Positive Behavioral Interventions and
Supports：ポジティブな行動介入と支援）を通じて教えます。

　ＰＢＩＳは、望ましい価値に基づいた行動を明示し、その行
動ができるように導くプログラムです。私がかかわっている学
校では、ＰＢＩＳの価値項目として「やさしく、かしこく、た

くましく」という教育目標や、「他を大切に、自分を大切に、授業を大切に、地域を大切に」という目標を掲げている学校などがあります。ＰＢＩＳは特別支援教育からスタートしたプログラムで、発達障害のある子どもたちにとってもわかりやすく、すべての子どもにとって有益であることが魅力です。

　ＰＢＩＳを通じて価値的行動を教え、ＳＥＬを通じて、その行動を実行するためのスキルを教えます。その両方を身につけることで、自分と他人を尊重した生き方ができる個人を育てていきます。

2）集団を育てるプログラム

　あとの２つが、ピア・サポートプログラムと協同学習です。

　ピア・サポートプログラム（日本ピア・サポート学会、2011）は、主に生活場面で、子どもたちが相互に助け合うことを通じて、思いやりのある子どもたちを育てることと、思いやりのある学校風土をつくること、そしてその先に、子どもたちが思いやりのある日本や世界をつくっていけるようになることを目的とするプログラムです。

　協同学習（小山ほか、2016）は、助け合い、教え合い、学び合いながら、自分たちの学びをつくっていく活動です。その効果は「学習の深まり」は当然として、それ以外に「心理的適応の促進」「対人関係の改善」が知られています。協同学習は厳密にはガイダンスプログラムではありませんが、私は重要なプログラムと位置づけています。

　ピア・サポートプログラムと協同学習は、ＰＢＩＳで一般的に掲げられる価値項目のなかの「やさしさ」や「協力」を具現化する活動として位置づけられます。日常生活や委員会活動、異学年交流などでのピア・サポート活動と、毎日の授業での協

図10　マルチレベルアプローチ（MLA）のプログラムの概念図

同学習を通じて、互いに助け合い、同時に切磋琢磨しながら成長していくことを目指します。

　なお、すべての土台は、図10の一番下にある「豊かな情緒的交流」です。ですから、ピア・サポートプログラムや協同学習を含め、あらゆる活動のなかで情緒的交流が起こるように仕掛けています。なお、人間関係を育むような行事が地域に根付いている学校も多いと思います。そうした学校では、地域の活動を取り込むという視点も重要です。

3）キャリア教育

　キャリア教育は、「社会的・職業的自立に向け、必要な基盤となる能力や態度を育てることを通して、キャリア発達を促す教育」（中央教育審議会、2011）です。キャリア教育で育成する能力は、「人間関係形成・社会形成能力」「自己理解・自己管理能力」「課題対応能力」「キャリアプランニング能力」の４つの能力で

すが、これらは、ＰＢＩＳ、ＳＥＬ、ピア・サポートプログラム、協同学習で培おうとしている能力とほぼ一致しています。つまり、ＭＬＡの４つのプログラムは、広義のキャリア教育になっているわけです。

　図10では、４つのプログラムの上に点線があって、その上に「キャリア教育」が載っています。これが実線になっていないのは、「４つのプログラム自体が広義のキャリア教育である」から、ということと、「（職業に従事するために必要な知識・技能・能力・態度を育成するという意味での）狭義のキャリアガイダンスプログラムは、これら４つの活動の土台の上で展開する」と考えるからです。さらには、「広義のキャリア教育と、狭義のキャリアガイダンスプログラムは不可分である」ということも、点線にした理由です。

４）プログラムに直結した校内体制

　多くのＭＬＡ実践校では、協同学習を学習部が、ピア・サポートプログラムを特活部が、ＳＥＬを生徒指導部が、ＰＢＩＳを道徳部が担当するといった具合に、プログラムと校務分掌が対応する形になっています。そうすることで、プログラムを中心とした学校運営が行いやすくなります。

2　適応支援のシステム

　適応支援では、別室登校やＳＣ・ＳＳＷを活用したチーム支援など、本書で解説してきたことが行われています。ここでは、教育相談コーディネーターとして、その他に押さえておきたいことを紹介します。

1）保健室利用のデータ

　私のコンサルテーションの経験からすると、体調不良やけがなどで保健室を利用するのは、1か月当たり全児童生徒の約10％です。つまり、児童生徒数が例えば200人の学校であれば、1か月当たり病人・けが人は20人程度で、それ以上は教室から保健室に避難してきている可能性が高いといえます。この率が20％（つまり200人のうちの40人）程度以下であれば、子どもたちにとって教室は居心地がよいといえます。30％程度で普通、50％を超えるとトラブルが多発している学級が多い学校です。

　私が学校コンサルテーションに入るときには、まずこのデータを見て、学校全体の様子を把握します。教育相談コーディネーターはこうした数字を見ながら、予防的介入が必要な学年、学級、個人を把握し、原因を考え、対策を練ります。

2）アセスの定期実施

　不適応状態で長期休業を迎えた子どもは、休業開けに不登校になるリスクが高いといえます。このことから、アセス（6領域学校環境適応感尺度）を年に3回、原則的には6月、11月、2月に実施し、長期休業の1か月前に、観察だけに頼らず、データに基づいて子どもの適応状態を把握します。適応に課題のある子どもを把握したら、1か月間で集中的に支援します。

3）環境と個人の両面からの支援

　第9章で、聴覚過敏のため別室で過ごした子どものことを少し紹介しましたが、この子がうまく適応ができないのは、個人要因とも環境要因ともいえるでしょう。

　では、こうした子どもは、大きな音に慣れさせて、学級に適応させるべきでしょうか。「そうすることがその子のためだ」と

言う人もいますが、それは間違っています。誰にも教育を受ける権利があります。大切なのは、どの子も楽しく過ごせる学習環境や学級環境をつくることです。そのために、たとえばＵＤＬ（Universal Design for Learning：学びのユニバーサルデザイン）の発想を学校全体に浸透させ、学校環境を変えていくことも、教育相談コーディネーターの役割です。

4）異校種連携

　小学校入学時には「小１プロブレム」、中学校入学時には「中１ギャップ」、高校入学時には「高１クライシス」といわれる問題があります。これは子どもたちの適応にとって、環境移行が非常に高いハードルであることを示唆しています。

　この問題を解決するために、私のかかわっている地域では、校内ルールを中学校区ごとに統一したり、目指す子ども像を校区のなかですり合わせたり、幼稚園から中学校までを見通したＳＥＬカリキュラムを作成するといった丁寧な異校種連携を行い、校種間の不要なギャップの解消を目指しています。

5）分掌間連携

　中学校以降では、生徒指導と教育相談とが別々に動いているような学校が多く見られます。しかし、それではプログラムはうまく回りません。第７章でお話しした柱と梁のように、学年間や分掌間での連携が重要になります。そのために最も重要なことは、子ども理解の共有です。それができたとき、相互理解が生まれ、学年や分掌の役割が明確になり、やっていることは違ってもチームとして機能するようになります。

　ここまで読まれて、ＭＬＡの詳細について知りたいと思われた方は、『マルチレベルアプローチ だれもが行きたくなる学校

づくり』（栗原、2017）をご一読ください。

教育委員会によるサポートシステム

　私が協同実践をしている自治体の学校では、生徒指導や教育相談の面だけではなく、学業的な側面でも大きな成果を出しています。それは、教育委員会による学校サポートが機能していることも非常に大きいと考えています。すべては書けませんが、そのなかからいくつかを紹介します。

①**保・こ・幼・小・中連携**　保育所、こども園、幼稚園、小学校、中学校が、中学校区ごとに連携しており、すぐれた取組には助成金を出すなど、行政がさまざまな形で支援しています。

②**エビデンスベースの取組**　行政がデータを集め、データに基づいて分析し、対策を練る、というPDCAがよく機能しています。その分析のプロセスには私もかかわります。

③**研修システム**　子どもは勉強しなければ学力がつかないように、教員も研修しなければ実践力はつきません。これらの成果を上げている自治体に共通していることは、自治体によって形は違いますが、優れた研修システムを構築・実施していることです。

④**教育委員会と学校をつなぐリーダー養成**　次ページに紹介した表は、ある自治体の研修講座の計画案です。この市では、リーダーは12日間72時間の研修を１年間で受講します。管理職を含め、それ以外の先生も一定量の研修を受講し、リーダーを中心に学校づくりができる研修を提供しています。参加者のなかから、研修会の企画や運営、データ分析と提言作成、校内研修の講師等を担当できる本当のリーダーを育てるとい

資料　B市のリーダー養成研修計画案

	月	日	曜	時	研修プログラム（素案）	段階	主たる受講対象
1	5	20	月	AM	MLA総論	入門	校長
		20	月	PM	MLA推進に係る教頭の役割	入門	教頭
2		21	火	AM	PBIS	実践	リーダー
		21	火	PM	交流分析によるコミュニケーション分析	実践	リーダー、モデル校協力校教員
3	6	3	月	AM	SEL（中学校区ごとの検討・指導助言）	実践	リーダー、SEL担当
		3	月	PM	学級集団づくり	入門	リーダー、SEL担当、モデル校協力校教員
4		4	火	AM	協同学習の原理	入門	リーダー、協同学習担当
		4	火	PM	個と集団に対するベーシックスキル	入門	リーダー、協同学習担当、モデル校協力校教員
5	8	19	月	AM	MLA総論	入門	リーダー、一般教員／異動教員は悉皆
		19	月	PM	MLAを支える4つの理論	実践	
6		20	火	AM	愛着に課題を抱える子どもの理解と支援	入門	リーダー、ピア担当、モデル校教員、一般教員
		20	火	PM	ピア・サポート概論	入門	リーダー、ピア担当、モデル校教員、一般教員
7	9	26	木	AM	反社会的行動・非社会的行動の理解	入門	リーダー、生指主事、いじめ・不登校担当
		26	木	PM	ブリーフセラピーの実際	実践	リーダー、上記＋モデル校教員
8		30	月	AM	支援の方策と個別支援計画設計の基本	実践	リーダー、特支コーディ
		30	月	PM	UDLと合理的配慮	入門	リーダー、特支コーディ、モデル校教員
9	11	11	月	AM	プログラムマネジメント	実践	リーダー
		11	月	PM	モデル校授業参観、分科会、指導講評	実践	リーダー、モデル校協力校教員
10		12	火	AM	モデル校	実践	モデル校教員
		12	火	PM	協力校コンサルテーション	実践	モデル校教員
11	1	17	金	AM	チーム支援会議の実際	専門	リーダー、生指主事、いじめ・不登校担当
		17	金	PM	問題行動への対応と修復的正義	専門	リーダー、生指主事、いじめ・不登校担当、モデル校協力校教員
12		22	水	AM	特支の視点を生かした学習指導	入門	リーダー、特支コーディ
		22	水	PM	困難事例対応（LD）	専門	リーダー、特支コーディ、モデル校協力校教員
13	2	17	月	AM	協同学習応用編	実践	リーダー、協同学習担当
		17	月	PM	ピア・サポート応用編（プランニング、マネジメント）	実践	リーダー、ピア・サポート担当、モデル校協力校教員
14		18	火	AM	PBIS	実践	リーダー
		18	火	PM	モデル校実践報告	実践	リーダー、モデル校教員

う視点を、教育委員会が持っています。

＊

　教育相談コーディネーターは、これからの教育を創造していくキーパーソンです。身につけるべき理論や知識、活動の実際は本書で解説したとおりです。これからの活躍に期待し、心からのエールを送ります。

　また、教育相談コーディネーターが機能するには、授業時数の軽減や、しっかりとした理念と中長期的なビジョンに立った研修の提供などの支援が不可欠です。それがなければ教育相談コーディネーター制度は機能しないどころか、画餅に終わるでしょう。子どもたちを救う効果的な制度になるかどうかは、行政に身を置く方々や管理職の見識と決断、実行力にかかっています。いっそうの取組を期待しています。

参考・引用文献

中央教育審議会（2011）「今後の学校におけるキャリア教育・職業教育の在り方について」

中央教育審議会（2015）「チームとしての学校の在り方と今後の改善方策について（答申）」

中央教育審議会（2016）「幼稚園、小学校、中学校、高等学校及び特別支援学校の学習指導要領等の改善及び必要な方策等について（答申）」

不登校に関する調査研究協力者会議（2016）「不登校児童生徒への支援に関する最終報告〜一人一人の多様な課題に対応した切れ目のない組織的な支援の推進〜」

本田恵子・植山起佐子・鈴村眞理編（2019）『改訂版 包括的スクールカウンセリングの理論と実践―子どもの課題の見立て方とチーム連携のあり方』金子書房

ハーシ（T）／森田洋司・清水新二監訳（1995）『非行の原因―家庭・学校・社会のつながりを求めて』文化書房博文社

ホール（トレイシー・E）、アン・マイヤー、デイビッド・H・ローズ編著／バーンズ亀山静子訳（2018）『UDL 学びのユニバーサルデザイン』東洋館出版社

池島徳大監修・著／竹内和雄（2011）『ピア・サポートによるトラブル・けんか解決法！―指導用ビデオと指導案ですぐできるピア・メディエーションとクラスづくり』ほんの森出版

今井五郎（1986）『学校教育相談の実際』学事出版

石隈利紀（1999）『学校心理学―教師・スクールカウンセラー・保護者のチームによる心理教育的援助サービス』誠信書房

川俣邦彦・栗原慎二（2003）「学校におけるグループ面談の研究―適度な人間関係の再体験を通じて」『学校教育相談研究』13、66-83頁

川俣邦彦・栗原慎二（2007）「学校におけるグループ面談の研究Ⅱ―学校高適応群の生徒への適用」『学校教育相談研究』17、13-22頁

河村茂雄（2006）『学級づくりのためのQ-U入門―「楽しい学校生活を送るためのアンケート」活用ガイド』図書文化社

菊池章夫編著（2007）『社会的スキルを測る：KiSS-18ハンドブック』川島書店

小林利宣（1984）「生徒指導と教育相談」小林利宣編著『教育相談の心理学』有信堂高文社、113-123頁。

小泉令三（2012）「犯罪の被害・加害防止のための対人関係能力育成プログラム開発」研究開発実施終了報告書、科学技術振興機構

小泉令三・山田洋平（2011）『社会性と情動の学習（ＳＥＬ-８Ｓ）の進め方―中学校編)』ミネルヴァ書房

國分康孝（1981）『エンカウンター―心とこころのふれあい』誠信書房

国立教育政策研究所生徒指導研究センター（2002）「児童生徒の職業観・勤労観を育む教育の推進について（調査研究報告書)」

国立教育政策研究所生徒指導研究センター（2011）「生徒指導資料第４集 学校と関係機関等との連携～学校を支える日々の連携～」

小山英樹・峯下隆志・鈴木建生（2016）『この一冊でわかる！ アクティブラーニング』ＰＨＰ研究所

栗原慎二（1993）「川口青陵高校での９年間の教育相談活動」『月刊学校教育相談』11月号、28-39頁

栗原慎二（1995）「チームで生徒にかかわる体制づくり」『月刊学校教育相談』10月号、24-27頁

栗原慎二（2002）『新しい学校教育相談の在り方と進め方』ほんの森出版

栗原慎二編著（2013）『いじめ防止６時間プログラム―いじめ加害者を出さない指導』ほんの森出版

栗原慎二編著（2017）『マルチレベルアプローチ だれもが行きたくなる学校づくり―日本版包括的生徒指導の理論と実践』ほんの森出版

栗原慎二編著（2018）『ＰＢＩＳ実践マニュアル＆実践集』ほんの森出版

栗原慎二・井上弥編著（2019）『Office365・Excel2019対応版 アセスの使い方・活かし方―学級全体と児童生徒個人のアセスメントソフト』ほんの森出版

教育相談等に関する調査研究協力者会議（2017）「児童生徒の教育相談の充実について～学校の教育力を高める組織的な教育相談体制づくり～（報告)」

文部科学省（2002）「通常の学級に在籍する特別な教育的支援を必要とする児童生徒に関する全国実態調査」

文部科学省（2003）「今後の特別支援教育の在り方について（最終報告)」

文部科学省（2010）「生徒指導提要」

文部科学省（2017a）「児童生徒の教育相談の充実について（通知)」

文部科学省（2017b）「小学校学習指導要領解説 特別活動編」

文部科学省（2017c）「中学校学習指導要領解説 特別活動編」

文部科学省（2018）「平成29年度 児童生徒の問題行動・不登校等生徒指

導上の諸課題に関する調査結果について」

文部科学省（2019a）「不登校児童生徒への支援の在り方について（通知）」

文部科学省（2019b）「平成30年度 児童生徒の問題行動・不登校等生徒指導上の諸課題に関する調査結果について」

文部省（1981）「生徒指導の手引（改訂版）」

日本ピア・サポート学会企画／春日井敏之・西山久子・森川澄男・栗原慎二・高野利雄編著（2011）『やってみよう！ ピア・サポート—ひと目でポイントがわかるピア・サポート実践集』ほんの森出版

日本財団（2018）「不登校傾向にある子どもの実態調査」

大野精一（1997a）『学校教育相談—理論化の試み』ほんの森出版

大野精一（1997b）『学校教育相談—具体化の試み』ほんの森出版

大野精一（1997c）「学校教育相談とは何か」『カウンセリング研究』30、160-179頁

斎藤環著＋翻訳（2015）『オープンダイアローグとは何か』医学書院

瀬戸美奈子・石隈利紀（2002）「高校におけるチーム援助に関するコーディネーション行動とその基盤となる能力および権限の研究—スクールカウンセラー配置校を対象として」『教育心理学研究』50、204-214頁

杉江修治（2011）『協同学習入門—基本の理解と51の工夫』ナカニシヤ出版

滝充（2011）「小学校からの生徒指導—『生徒指導提要』を読み進めるために」『国立教育政策研究所紀要』第140集、301-312頁

「通常の学級に在籍する特別な教育的支援を必要とする児童生徒に関する調査」協力者会議（2012）「通常の学級に在籍する発達障害の可能性のある特別な教育的支援を必要とする児童生徒に関する調査結果について」

渡辺弥生編（2002）『ＶＬＦによる思いやり育成プログラム』図書文化社

＊本書の「プロローグ」は、栗原慎二「教育相談コーディネーターの五つの課題」（『月刊学校教育相談』2019年7月号）をベースに加筆修正した。

あとがき

　2002年に『新しい学校教育相談の在り方と進め方』という書籍を出しました。当時私は、まだ高等学校の教員でした。

　それから17年が過ぎ、再び教育相談について正面からアプローチするテーマで執筆を依頼されました。現場の教師として、また大学教員として、教育相談にかかわり続けてきた私にとっては、教育相談コーディネーターが配置・指名が進み、スクールカウンセラー（ＳＣ）やスクールソーシャルワーカー（ＳＳＷ）の常勤化も視野に入ってきつつある時代のターニングポイントで、こうした書籍を執筆するチャンスに恵まれたことは幸運でした。少々大げさかもしれませんが、本書は、18年間の高校教員としての体験と17年間の大学教員としての研究の総まとめのような思いで書き上げました。

　内容については、「わかりやすい本にしたい」との思いから、学術的な用語はなるべく避けました。引用文献等も「これは読んでもらいたい」というものに絞りましたが、背景にはきちんとした論文のリサーチと実践の裏づけがあると思っていただいて結構です。

　現在、私は、公益社団法人学校教育開発研究所（ＡＩＳＥＳ）の代表理事を務めています。この法人は、私たちが考える学校教育相談を広く発信することで、先生や保護者のみなさんを支援し、「教育を通じて、子どもたちに明るい未来を」届けることを目的に設立しました。本書を読んで、もっと教育相談を学びたいと思われた方は、ぜひ、ホームページにアクセスして、私

たちの仲間になっていただければと思います。

　単著を書く機会も、もうそうはないと思いますので、最後に、教育相談にかかわってお世話になった方々に感謝を述べさせてください。

　下司昌一先生、柴﨑武宏先生、中野武房先生、中村孝太郎先生、日野宜千先生、森川澄男先生。教育相談とは何かを教えてくださり、生意気で無遠慮な私をおもしろがってかわいがってくださり、ありがとうございました。

　高橋超先生、石井眞治先生。一介の高校教員を大学に招き入れてくださり感謝しています。

　金山健一先生、神山貴弥先生、小玉有子先生、佐藤博子先生、鈴木建生先生、髙橋あつ子先生、中林浩子先生。これからも一緒に教育相談を創っていきましょう。中林先生には、原稿に目を通していただきました。ありがとうございました。

　埼玉県高等学校教育相談研究会時代の仲間、兵庫教育大学の上地ゼミの仲間。みなさんがいたから頑張れました。

　茨木泰丈先生、エリクソンユキコ先生、沖林洋平先生、篠塚大輔先生、瀬戸隆博先生、中井悠加先生、山崎茜先生、山田洋平先生、米沢崇先生、そして栗原研の卒業生、在校生。みなさんは私の希望です。みなさんに未来を託します。

　そして、ほんの森出版の小林敏史さん。いつも、そして今回も、ありがとうございました。

　ここに挙げたお一人お一人が、私を育ててくれたと思っています。

　そして最後に、この本は、今は亡き、私の師匠、上地安昭先生に捧げたいと思います。

2020年4月　　　　　　　　　　　　　　　　　栗原　慎二

〈著者紹介〉

栗原 慎二（くりはら しんじ）
広島大学大学院人間社会科学研究科教授

埼玉大学大学院文化科学研究科修士課程修了、兵庫教育大学大学院学校教
育学研究科修了、博士（学校教育学）。埼玉県立高校教諭を経て、広島大学
大学院人間社会科学研究科教授。公益社団法人学校教育開発研究所（AISES）
代表理事。教育相談とは教師生活の始まりとともにかかわる。

【おもな著作】
『マルチレベルアプローチ　だれもが行きたくなる学校づくり』（編著）ほ
んの森出版、『ＰＢＩＳ実践マニュアル＆実践集』（編著）ほんの森出版、
『Office365・Excell2019対応版 アセスの使い方・活かし方』（共編著）ほ
んの森出版、『いじめ防止６時間プログラム』（編著）ほんの森出版、『児童・
生徒のための学校環境適応ガイドブック』（共編著）協同出版、『新しい学
校教育相談の在り方と進め方』（単著）ほんの森出版、他多数

教育相談コーディネーター
これからの教育を創造するキーパーソン

2020年7月10日　初　版　発行

著　者　栗原慎二
発行人　小林敏史
発行所　ほんの森出版株式会社
〒145-0062　東京都大田区北千束3-16-11
TEL 03-5754-3346　FAX 03-5918-8146
https://www.honnomori.co.jp

印刷・製本所　研友社印刷株式会社